わかりやすい

バスケットボールの ルール

伊藤 恒 監修

SPORTS SERIES

JN050017

成美堂出版

不当な接触プレーは原則としてファウル

　バスケットボールは選手同士のコンタクトが頻繁に起こる激しいスポーツである。しかし、不当な体の触れ合いは原則としてファウル。選手自身や審判がルールをしっかり把握し、ファウルとそうでないプレーの違いを理解しておかなければ、ゲームを円滑に進行できないばかりか、ケガにつながる恐れさえある。バスケットボールをより楽しむために、ルールへの理解を深めよう。

オフィシャルの質が
ゲームの質を上げる

　ファウルやバイオレーションの判断、タイムアウトや選手交代の管理…。スピーディな試合展開の中でさまざまな任務をこなすオフィシャルは、バスケットボールを陰で支える重要なアクターのひとりだ。彼らに求められるのは正しいルールの知識とそれに基づく的確なジャッジ。質の高いオフィシャルはゲームの進行を円滑にし、バスケットボールの魅力をより引き立ててくれる。

わかりやすいバスケットボールのルール

contents

► PART4 「ファウル」

PART5 「審判の合図」

交代・タイムアウト・バイオレーションの合図

ファウルの合図

ファウル・フリースローの合図

COLUMN

監修

伊藤 恒（いとう こう）

世田谷学園高校バスケットボール部監督。東京都高等学校
体育連盟男子バスケットボール専門部強化委員、日本体育
協会バスケットボール上級コーチ、日本バスケットボール
協会 AA 級公認審判

STAFF

制作／BeU 合同会社　　　　　　　イラスト／田中 斉

執筆・デザイン／三國創市　　　　企画／成美堂出版編集部

写真／長尾亜紀

※本書は原則として2024年1月現在の情報に基づいて編集しています。

バスケットボールのポジション

コートに立つ10人の選手は自由に動き回っているようにも見えますが、チーム内における能力や特性によってポジションが与えられており、求められるプレーが異なります。ここでは一般的なポジションの役割と適したプレーヤーについて解説します。

(PG) ≫ ポイントガード

ボールをフロントコートへ運び、攻撃をコントロールする役割が求められます。コート上の監督ともいわれ、視野が広く、戦術理解度に優れたプレーヤーが適しています。

(SG) ≫ シューティングガード

PGのサポートや3Pシュートなどアウトサイドを主戦場とした役割が求められます。ボールハンドリングとシュート精度に優れたプレーヤーが適しています。

(SF) ≫ スモールフォワード

アウトサイドからドライブをしたり、3Pシュートを狙ったりと幅広い役割が求められるため、1対1に強く攻撃が得意なプレーヤーが適しています。

(PF) ≫ パワーフォワード

Cのサポートやインサイドシュートなどペイントエリアを主戦場とした役割が求められます。スピードよりもパワーに自信のあるプレーヤーが適しています。

(C) ≫ センター

インサイドシュートやリバウンドを取ることなどゴール下を主戦場とした役割が求められます。チーム内で最も大きなプレーヤーが適しています。

PART 1

コートと器具

コートの規定

▶ 縦 28m ×横 15m のコートでおこなうのがルール

バスケットコートに関する用語

A **センターライン**
両エンドラインと平行に両サイドラインの中央を結ぶライン。両端はサイドラインの外側に 0.15m 延長する。

B **センターサークル**
円周の外側までが半径 1.80m であるコート中央に描かれた円。ゲーム開始のジャンプボールがおこなわれる。

C **エンドライン**
コートを形成する境界線の短い側のライン。

D **サイドライン**
コートを形成する境界線の長い側のライン。ベンチを含むすべての障害物はコートから 2m 以上離す。

E **スローインライン**
ベンチエリアの逆側に、サイドラインと直角に外側に向かって引かれたライン。特定のスローイン再開時に使用する。(P.54 参照)

F **スリーポイントライン**
2 点のショットと 3 点のショットを区切るライン。これより外側のショットは 3 点となる。

G **チームベンチエリア**
サイドラインから外側へ直角に引かれた 2 本のラインで区画されたエリア。コーチや交代要員、チーム関係者のために 16 席用意する。

H **スコアラーズテーブル**
コートサイド中央のオフィシャルが座るテーブル。両側に交代席、チームベンチが配置される。

バスケットコート図

コートの大きさはラインの内側で計って縦 28m、横 15m。ラインの幅は 5
cm で、エンドライン、サイドライン上はコートに含まれない。

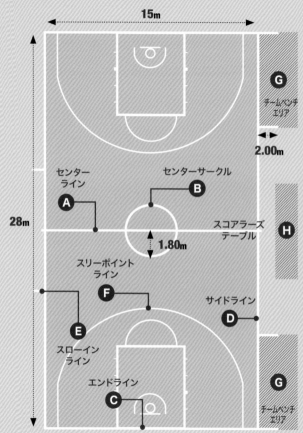

センターラインを境界線として、自チームのバスケットのあるコートをバックコート、
逆側のコートをフロントコートと呼ぶ。なお、センターラインはバックコートに含まれる。

制限区域周辺の規定

▶ ゴール付近の縦 5.8m、横 4.9m の長方形が制限区域

制限区域周辺に関する用語

Ⓐ フリースローライン
エンドラインと平行に引かれたラインで制限区域の上辺となるエンド
ラインからの距離は 5.80m。

Ⓑ フリースローをおこなう半円
フリースローラインを中心とした半円で、半径は 1.80m。その名の
通り、フリースローシューターはこの中でフリースローをおこなう。

Ⓒ ニュートラルゾーン
制限区域の左右に引かれた短いライン。フリースローの際に1人目と
2人目のリバウンダーが立つ位置の区切りとなる。

Ⓓ リバウンドの位置を示すライン
フリースローの際、リバウンドのポジションを定めるライン。ゴール
に近い方からディフェンス、オフェンスの順に並ぶ。(P.48 参照)

Ⓔ ノーチャージセミサークル
制限区域内、バスケットの真下より外側の縁までが半径1.30mの半円。
この半円内はノーチャージセミサークルエリアと呼ぶ(P.124 参照)。

Ⓕ 制限区域
ゴール付近の縦5.8m、横4.9mの長方形内を指す。オフェンス側のプレー
ヤーはこのエリア内に 3 秒を超えて留まってはならない。(P.88 参照)

制限区域周辺図

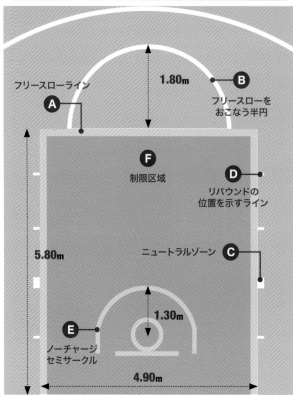

フリースローライン

A

1.80m

B

フリースローを
おこなう半円

F

制限区域

D

リバウンドの
位置を示すライン

ニュートラルゾーン **C**

5.80m

1.30m

E

ノーチャージ
セミサークル

4.90m

制限区域内は色が塗ってあり、ペイントエリアと呼ばれることもある。なお、必ず単色で塗らねばならず、2色以上を用いてはならない。

ゴールの規定

▶ 高さ 3.05m にある相手チームのリングにボールを入れる

バスケットゴール

2.90m

3.05m

リングまでの高さは
3.05m、ボードまで
は 2.90m となる。

ゴールにはサイズや色、素材にも細かな規定がある

バスケットボールは、コート両端に設置されたゴールにボールを入れること
で、得点を積み重ねていくスポーツだ。ゴールはリングとネット、バックボード
で構成され、それぞれサイズや設置の高さが細かく規定されている。また、ク
ロックと連動した発光機能付きのボードがある場合、終了のブザーより発光機
能が優先される。

バックボード

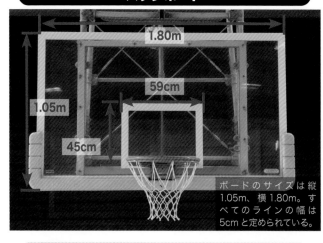

1.80m

59cm

1.05m

45cm

ボードのサイズは縦 1.05m、横 1.80m。すべてのラインの幅は 5cm と定められている。

リング

45.0〜45.9cm

リングは内径 45.0〜45.9cm。オレンジ色で統一しなければならない。

ボールの規定

▶ 男女や年齢によって使用するサイズは異なる

ボールのサイズ

【7号】
周囲 750〜770mm

中学生以上の男子大会で使用される。

【6号】
周囲 715〜730mm

中学生以上の女子大会で使用される。

【5号】
周囲 685〜700mm

ミニバスケットボールで使用される。

表面の素材

【皮革】

やや高価だが使用感がよく、国際公式球に用いられることも多い。

【合成皮革】

エナメルなどの人工皮革製。こちらも各種検定球に用いられる。

【ゴム】

ゴム製は屋外コートなど、革製ボールの使用が困難な環境向き。

試合球のルール

試合球の選定方法

床から
ボールの下まで
1.80m

① 1.80m の高さから落とす。

ボールの
最下部が
960mm
〜
1,160mm

②ボールの最下部が960mm〜1,160mm
の高さまで弾むか確認。

革が馴染んだものを使う

試合では新品のボールより
もやや革が馴染んだボール
を使うよう定められている。

21

スコアラーズテーブル

▶ 試合の進行を管理するのがオフィシャルの役割

国際大会ではスコアラーズテーブルの
中央にコミッショナーを配置する

テーブルは試合がよく見えるコートサイド中央に設置する

　審判を補佐し、試合を円滑に進行させる役割を担うのがテーブルオフィシャルズ。テーブルはコート全体が目に入るコートサイド中央に設置される。コートから見て、右からショットクロックを操作するショットクロックオペレーター、競技時間を管理するタイマー、スコアを記録するスコアラー、ファウルの表示をおこなうアシスタントスコアラーの順で位置につくよう規定されている。

アシスタントスコアラー

スコアボードを操作し、スコアラーを補佐する。併せて、ファウルが宣告された際にプレーヤー・チームファウル数の表示をおこなう（国際大会では、交代・タイムアウトのブザーやファウル表示をタイマーがおこなう）。

スコアラー

試合のスコアを記録するほか、失格・退場やタイムアウト・選手交代の合図、ポゼッションアローの操作など職務の範囲も幅広い。

タイマー

ゲームクロックとストップウォッチを操作し、競技時間、タイムアウト、インターバルの時間をはかる。また、各時限の終了のブザーを管理する。

ショットクロックオペレーター

ショットクロックの操作を担当し、24 秒バイオレーション（P.94 ～ 99）を管理する。

交代席

交代するプレーヤーが待機する。交代要員はスコアラーへ交代を申し出るか、はっきり伝わるように交代席へ座り、交代が認められる時機を待つ。

オフィシャルの器具①

▶ 時間の管理は試合を左右する大切な要素のひとつ

ゲームクロック

デジタル表示のものが主流で、各時限終了とともに自動でブザーが鳴る。

ゲーム状況を表示する装置は、はっきり見えるように設置する

　オフィシャルが用いる器具のうち、ゲーム状況の把握に必要となるゲームクロックやスコアボード、ショットクロックなどは選手・審判・観客など、ゲームにかかわるすべての人にはっきりとわかるように設置しなければならない。公式の大会などではデジタルの電光掲示タイプが主流だが、用意できない場合はストップウォッチと手動の得点板などで代用しても良い。

スコアボード

手動の得点板でもよいが、大会などでは電光掲示のものが用いられることが多い。

ショットクロック

ブザー、ゲームクロックと表示装置はバックボード上方に設置されることが望ましい。

ストップウォッチ

タイムアウト（1分間）をはかる際に使用する。50秒の時点で一度ブザーを鳴らす。

オフィシャルの器具②

▶ ファウルやスコアを記録するのもオフィシャルの仕事

ファウル表示器具

個人ファウル

1〜4までは黒、5は赤で数字が書かれ、ファウルが宣告された際にアシスタントスコアラーが該当プレーヤーの累積ファウル数を表示する。

チームファウル

数字を積み重ねていくタイプや電光掲示のタイプが一般的。いずれも5ファウルに達した場合はひと目でわかるようになっている。

個人とチーム、ファウル累積数を示す標識は2種類

　ファウルの掲示はアシスタントスコアラーが担当し、ファウルのたびにスコアラーから連絡を受けて、個人用、チーム用の2種類のファウル標識を選手、審判、観客にはっきりと見えるように掲示する。一方、スコアラーはスコアシートにファウル数を記録し、選手に5回の個人ファウルが累積した場合はブザーを鳴らして審判に知らせる。

スコアシート

その試合のメンバーやランニングスコアなどを記録するためのシート。公式のものは4枚つづり。

オルタネイティングポゼッションアロー

オルタネイティングポゼッションルール（P.40参照）に従い、次にスローインが与えられるチームを表示する矢印。

バスケットボールの起源

　1891年12月、アメリカのマサチューセッツ州スプリングフィールドにある国際YMCAトレーニングスクールの体育館で、バスケットボールは誕生しました。

　雪に覆われる冬のスプリングフィールドでは屋外で十分な運動はおこなえず、かといって屋内でおこなえる運動も限られていました。教員であるジェームズ・ネイスミスは何か新しい競技を創り出す必要に迫られており、思いついたのがバスケットボールだったのです。

　当初は、地下の倉庫にたまたまあった桃を入れるかごを体育館の両端の手すりに打ち付け、それをゴールとして使用しました。もし、倉庫に桃を入れるかごがなかったら、ひょっとしたらバスケットボールは違う名称になっていたかもしれません。

　その後、バスケットボールは瞬く間に世界中に広がり、日本へは1908年に国際YMCAトレーニングスクールで学んだ大森兵蔵によって伝えられました。

　そして体育の授業で創案されてから41年後の1932年には、国際バスケットボール連盟（FIBA）が結成され、今では世界で1、2を争う競技人口の多いスポーツといわれるまでになったのです。

PART 2

ゲームの進め方

チームとメンバー

▶ **コート上の5人とベンチプレーヤーは何度でも交代可能**

チーム構成

❶ **ゲームに出場できるチームメンバー⇒ 12 人。**
（国内のゲームでは、大会主催者の考えにより 12 人を超えてもよい）

❷ **チーム・メンバーのうち 1 人をキャプテンとする。**

❸ **コーチ⇒ 1 人、アシスタントコーチ⇒ 1 人。**

❹ **大会規定で認められているチーム関係者。**

※ベンチエリア内では、コーチ・アシスタントコーチのうち一人だけ
立ち続けることが許される。

認められたメンバー以外は試合中ベンチに入ることはできない。

交代の自由度が高いことがバスケットボールの魅力のひとつ

　バスケットボールは 5 人のプレーヤー同士で競うチームスポーツであるが、大きな特徴として交代の自由度が高いことが挙げられる。原則としてチームメンバー 12 人がゲームに出場でき、5 回のファウル累積や失格とならない限り何度でも交代できる。また、この 12 人以外にもコーチやアシスタントコーチが各 1 名ベンチへ入ることが認められている。

選手交代

❶選手交代は規定で認められたタイミングであれば何度でも可能。
❷ 5 回のファウルを宣告されるとゲームに出場できなくなる。

選手交代の自由度の高さはバスケットボールの特徴のひとつ。

身につけて良いモノ

▶ 他のプレーヤーを傷つける可能性があるものは原則禁止

 OK ゲームに支障をきたさないもののうち、サポーターや眼鏡などの保護用品の着用が認められている

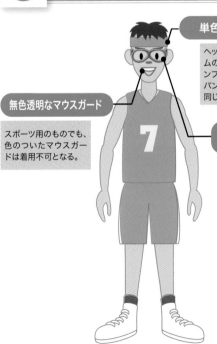

単色のヘッドバンド

ヘッドバンドに限らず、同じチームのプレーヤーの腕や脚のコンプレッションウェアやリストバンド、テーピングは、すべて同じ単色でなければならない。

無色透明なマウスガード

スポーツ用のものでも、色のついたマウスガードは着用不可となる。

破損防止に配慮してある眼鏡

眼鏡着用の際は、破損防止の加工がされたスポーツ用のものを使う。

選手の識別や危険防止の観点から、着用可能なものは限られる

　テンポが速く、コンタクトの多いバスケットボールでは、選手の識別や危険防止の観点から、着用するものにも細かな規定がある。一般的なサポーターでも、相手を傷つける可能性があるものやユニフォームと異なる色のものは原則として禁止となる。また、ひざ頭が隠れてしまうような長いパンツも禁止とされている。

NG 相手を傷つける可能性のあるもの、不当な利益をもたらすような用具を身につけることはできない

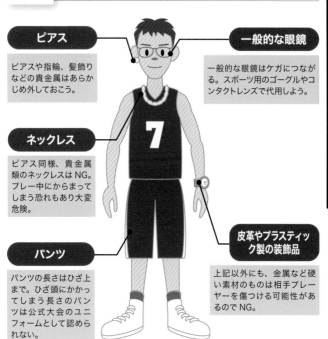

ピアス

ピアスや指輪、髪飾りなどの貴金属はあらかじめ外しておこう。

一般的な眼鏡

一般的な眼鏡はケガにつながる。スポーツ用のゴーグルやコンタクトレンズで代用しよう。

ネックレス

ピアス同様、貴金属類のネックレスは NG。プレー中にからまってしまう恐れもあり大変危険。

皮革やプラスティック製の装飾品

上記以外にも、金属など硬い素材のものは相手プレーヤーを傷つける可能性があるので NG。

パンツ

パンツの長さはひざ上まで。ひざ頭にかかってしまう長さのパンツは公式大会のユニフォームとして認められない。

競技時間の規定

▶ 10分間のクォーターを4回おこなう

競技時間

❶ 10分間のクォーターを4回おこなう。

❷ハーフタイムのインターバルは10分（15分でも可）。

❸第1・2クォーター、第3・4クォーターの間のインターバルはそれぞれ2分。

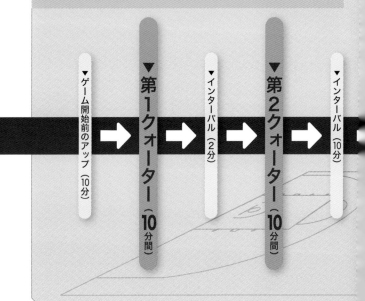

▼ゲーム開始前のアップ（10分）　➡　▼第1クォーター（**10分間**）　➡　▼インターバル（2分）　➡　▼第2クォーター（**10分間**）　➡　▼インターバル（10分）

競技時間は40分、プレーが止まると時間も止まる

　競技時間は、クォーターと呼ばれる10分のまとまりを4回おこなう計40分が基本だ。クォーター間のインターバルは2分、ハーフタイム時のインターバルは10分設けられているが、主催者の考えによりハーフタイムを15分としてもよい。サッカーやラグビーと違い、プレーが進行していないときはゲームクロックも止まるのが特徴で、実際には40分以上の時間がかかる。

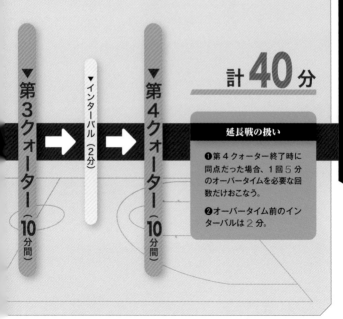

※中学生の試合では、8分のクォーターを4回、延長は3分。
※小学生の試合では、5〜6分のクォーターを4回、延長は3分。

▼第3クォーター（10分間）　→　▼インターバル（2分）　→　▼第4クォーター（10分間）

計**40**分

延長戦の扱い

❶第4クォーター終了時に同点だった場合、1回5分のオーバータイムを必要な回数だけおこなう。

❷オーバータイム前のインターバルは2分。

ボールの状態

▶ ボールの状態にはライブとデッドの2種類がある

ライブとデッドとは？

❶ライブとは原則として、ボールがバスケットに入った場合、得点が認められる状態のこと（スローインが直接入った場合を除く）。

❷デッドとは、ボールがバスケットに入った場合、得点が認められない状態のこと。

ジャンプボールのトスアップ

スローインをするプレーヤーにボールを渡す

フリースローシューターにボールを渡す

ボールがライブになるとき

📖 **ルール**

ボールは次のときにライブになる。
・ジャンプボールの場合、トスアップのボールがクルーチーフの手から離れたとき。
・フリースローの場合、フリースローシューターにボールが与えられたとき。
・スローインの場合、スローインするプレーヤーにボールが与えられたとき。

ライブ・デッドと処置の訂正

審判が誤った処置をした場合、規則に従ってクロックが動き始めてから最初にデッドになったボールが次にライブになるまでの間、処置の訂正がおこなえる場合がある。

ボールがデッドになるとき

📄 ルール

ボールは次のときにデッドになる。
・ゴールあるいはフリースローが成功したとき。
・ボールがライブで審判が笛を鳴らしたとき。
・フリースローでボールがバスケットに入らないことが明らかになり、その後：
　−フリースローが続くとき。
　−別の罰則（フリースローやポゼッション）があるとき。
・クォーターの終了を知らせるゲームクロックのブザーが鳴ったとき。
・チームがボールをコントロールしている間にショットクロックのブザーが鳴ったとき。
　【補足】ただし、ショットクロックのブザーが誤って鳴ったときは除く。
・ショットされたボールが空中にある間に次のいずれかが起こった後で、どちらかのチームのプレーヤーがボールに触れたとき：
　−審判が笛を鳴らしたあと。
　−クォーターの終了を知らせるゲームクロックのブザーが鳴ったあと。
　−ショットクロックのブザーが鳴ったあと。

ボールがデッドにならないとき

📄 ルール

次のときボールはデッドにならず、ショットが成功したら得点が認められる：
・ショットのボールが空中にある間に：
　−審判が笛を鳴らしたとき。
　−クォーター終了のゲームクロックのブザーが鳴ったとき。
　−ショットクロックのブザーが鳴ったとき。
・フリースローのボールが空中にあり、フリースローシューター以外のバイオレーションやファウルに対して審判が笛を鳴らしたとき。
・シューターがゴールのためにひと続きの動作を始めてから、相手プレーヤー、もしくは相手のチームベンチに座ることを許された人物がファウルを宣せられ、シューターがそのひと続きの動作でショットを完了する場合に、シューターがゴールのためにボールをコントロールしているとき。
審判が笛を鳴らした後で、明らかにショットの動作が起こされた場合、この条項は当てはまらず、得点も認められない。

37

ジャンプボール

▶ ジャンプボールをおこなうのは基本的に試合開始の1度だけ

試合開始時におこなう

試合開始時に、センターサークル内で審判が両チームの任意の2人のプレーヤーの間にボールをトスアップしておこなわれる。

トスをはじいてよいのはボールが最高点に達してから

　審判のトスをはじいてボールを取り合うのがジャンプボール。試合開始時に、センターサークル内でおこなわれる。ジャンパーは任意の選手で構わないが、長身選手が務めるのが一般的だ。いくつかの違反規定があるが、ボールが下降を始める前に触ってしまう違反やジャンパー以外のプレーヤーがサークルに入る違反などがある。

ボールが下降を始める前にはじく

最高到達点

ジャンパー以外のプレーヤーの足がサークルに入っている

NG

こんなジャンプボールは

❶ 3回以上はじく（2回まではOK）

❷ ボールが下降を始める前にはじく

❸ ボールをつかんでしまう

❹ はじく前にジャンパーがサークルから出る

❺ はじく前にジャンパー以外のプレーヤーがサークルに入る

オルタネイティングポゼッションルール

▶ ジャンプボールをせずに交互にスローインから再開するルール

ジャンプボールシチュエーションといっても、実際にジャンプボールをするわけではないので注意しよう。

最も近いアウトオブバウンズから再開する

❶スローインは、ジャンプボールシチュエーションになったところに最も近いアウトオブバウンズからおこなう。ただし、バックボードの裏側からはスローインをしない。

❷ジャンプボールのあと、最初のライブのボールのチームコントロールを得られなかったチームが、最初のオルタネイティングポゼッションのスローインの権利を得る。

適用されるとき（ジャンプボールシチュエーション）

📑 ルール

次のとき、ジャンプボールシチュエーションになる：

・ヘルドボール（P.157 参照）が宣せられたとき。

・誰が最後に触れてボールがアウトオブバウンズになったか審判に確証がなかっ
たとき、あるいは審判の意見が一致しなかったとき。

・最後のフリースローが成功しなかったときに、両チームのプレーヤーがフリー
スローのバイオレーションをしたとき（ダブルフリースローバイオレーショ
ン）。

・ライブのボールがリングとバックボードの間に挟まったり乗ったままになった
とき（ただし、後にフリースローやスローインが続く場合を除く）。

・どちらのチームもボールをコントロールしていないかボールを与えられる権利
がない状態でボールがデッドになったとき。

・両チームに対する等しい罰則を相殺したあとで、ファウルによる罰則が残らず、
最初のファウルもしくはバイオレーションが発生する前にどちらのチームも
ボールをコントロールしていなかったかボールを与えられる権利がないとき。

・第 1 クォーター以外のすべてのクォーターが始まるとき。

オルタネイティングポゼッションによって次にスローインの権利を与えられる
チームは、オルタネイティングポゼッションアローが相手チームのバスケットを
向いていることで示される。オルタネイティングポゼッションアローの向きはオ
ルタネイティングポゼッションのスローインが終わり次第、速やかに変えられる。

ボールの扱いとコントロール

▶ ボールをコントロールしているチームがオフェンスとなる

ボールの扱い

❶ボールを持って走ること、故意に足または脚でボールをけったり止めたりすること、ボールをこぶしで叩くことはバイオレーションである。

❷ボールが偶然に足または脚にあたったり触れたりしてもバイオレーションではない。

故意に足で扱うとキックボールバイオレーションになる。

攻守の位置づけや24秒計カウントが切り替わる「コントロール」

バスケットはボールを手で扱うスポーツ。意図的に足で扱うプレーは違反となるので注意しよう。また、そのほかのボールに関する規定では「コントロール」の概念が重要。プレーヤーがボールをあらたに保持すると、「コントロール」したとみなされ、攻守の位置づけが入れ替わったり、24秒計などがリセットされる。ゲーム進行上の切り替えポイントとなるのでしっかり頭に入れておこう。

ボールのコントロール

プレーヤーが完全にボールを保持したと判断できるとき、そのチームはボールをコントロールしたことになる。また、コントロールしたチームをオフェンス、されたチームをディフェンスとして区別する。

チームコントロールの開始

チームコントロール（チームがボールをコントロールしていること）は、そのチームのプレーヤーがライブのボールを持つドリブルをしたとき、あるいはライブのボールを与えられたときに始まる。

チームコントロールの継続

ルール

チームコントロールは以下のときに継続する：

・そのチームのプレーヤーがライブのボールをコントロールしているとき。
・そのチームのプレーヤー同士でボールがパスされているとき。

チームコントロールの終了

チームコントロールは以下のときに終了する：

・相手チームのプレーヤーがボールをコントロールしたとき。
・ボールがデッドになったとき。
・フィールドゴールかフリースローのショットをしてボールがプレーヤーの手から離れたとき。

ショットの動作

▶ ショット動作中のファウルにはフリースローが与えられる

ボールを放とうとしていると判断できれば、ショット動作中とみなされる。

ジャンプして空中にいる間にファウルを受けるとフリースローが与えられる。

ショットのはじまり

📄 ルール

プレーヤーが相手チームのバスケットに向けて、ボールを上方に動かし始めたと審判が判断したときに始まる。

2ポイントショットには2本、3ポイントには3本のフリースロー

ボールをショットしようとしていると審判が判断した瞬間から、ボールが手から離れた瞬間（空中の場合は両足が着地する瞬間）まではショット動作中とみなされ、防御側がファウルを犯した場合は2ポイントショットには2本、3ポイントには3本のフリースローが相手に与えられる。また、ショットが成功した場合は得点が認められ、さらに1本のフリースローが与えられる。

ショットの動作

ショットの動作には以下の3つの動作がある。

スロー	ダンク	タップ
相手チームのバスケットにボールを投げる動作。	相手チームのバスケットにボールを叩き込む動作。	相手チームのバスケットにボールをはじく動作。

ボールが手から離れた後も、両足が床に着地するまではショット中とみなされる。

ショットの終わり

📖 **ルール**

ボールがそのプレーヤーの手を離れたとき、あるいは完全にあらたなショットの動作（アクトオブシューティング）をおこなったときに終わる。またシューターが空中にいる場合は両足がフロアに着地したときに終わる。

得点の規定

▶ ショットを打つ場所によって加算される得点は変わる

エリアによる加点の違い

フリースローによるゴールは1点

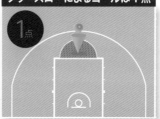

1点

2ポイントエリアからのゴールは2点

2点

3ポイントエリアからのゴールは3点

3点

3種類の得点方法で点を積み重ねる

　バスケットボールは3種類の得点方法がある。フリースローによる得点には1点、2ポイントエリア内からの得点には2点、3ポイントエリアからの得点には3点がそれぞれ与えられ、これらの合計点で試合の勝敗が決まる。なお、残り競技時間が0.2秒以下の場合はスローインやリバウンドを直接タップかダンクする以外の得点は認められない。

ショットするまでに必要な時間

プレーヤーがボールを一度つかんでからショットをするためには、ゲームクロックの残りの競技時間が最低でも 0.3 秒以上を表示していなければならない。

0.2秒以下のとき

0.3秒以上のとき

スローインやリバウンドなどを直接タップ、あるいは直接ダンクする以外、ショットは認められない。

すばやくショットすれば、終了のブザーが鳴る前にボールが手から離れる可能性もある。

 こんなときはどうなの？ 3ポイントショットに2ポイントエリアにいるディフェンスが触れたとき

攻撃側が3ポイントショットを打った際、ディフェンスが2ポイントエリアにいてショットされたボールに触れたとしても、ショットが入った場合は3ポイントショットとなる。

フリースロー①

▶ リバウンドに入れるプレーヤーは5人まで

プレーヤーの位置

❶シューターはフリースローをおこなう半円内でスローする。
❷リバウンダーは制限区域両側に設けられた区画にしたがってポジショニングする。

リバウンダーは交互にポジショニング。ゴールに近い位置を防御側が占める。また、リバウンダー以外のプレーヤーは斜線のエリアに侵入できない。

リバウンダーの区画に入れるのは攻撃側2人、防御側3人まで

　ショット動作中のファウルやチームファウルの累積、テクニカルファウルなどの罰則として相手に付与されるフリースロー。制限区域上辺に設けられた半円の中でスローするよう定められている。シューター以外のプレーヤーは、最後の1投が外れた際のリバウンドに備えるため、攻撃側2人、防御側3人までが制限区域左右の区画にポジショニングできる。

シューターの規定

 ルール

フリースローシューターは：

・フリースローラインの後ろ、かつ半円の中に立つ。

・ボールが上からバスケットに入る、あるいはリングに触れるようにするために、どのような方法でフリースローのショットをおこなってもよい。

・審判からボールを与えられたあと、5秒以内にボールを放たなければならない。

・ボールがバスケットに入るかリングに触れるまでは、フリースローラインまたは制限区域内のフロアに触れてはならない。

・フリースローをするふりをして途中でわざとやめてはならない。

シューター以外の規定

 ルール

フリースローのとき、リバウンドの位置を占めるプレーヤーは奥行き1mのそれぞれのスペースに交互に位置する権利を有する。

これらのプレーヤーは、フリースローがおこなわれている間、次のことをしてはならない：

・自チームに認められていないリバウンドの位置に立つ。

・ボールがフリースローシューターの手から離れる前に、制限区域やニュートラルゾーンに入ったりリバウンドの位置を離れたりする。

・何らかの言動によってフリースローシューターの邪魔をする。

フリースローのときにリバウンドの位置を占めないプレーヤーは、フリースローが終わるまでフリースローラインの延長線上より後ろでスリーポイントラインの外側にいなければならない。

あとにフリースローの「セット」が続く場合、あるいはフリースローの後スローインで再開することが決められている場合は、フリースローシューター以外のプレーヤーは、フリースローラインの延長線上より後ろでスリーポイントラインの外側にいなければならない。

上記に違反することはバイオレーションである。

49

フリースロー②

▶ シューターの違反は成功してもその得点は認められない

フリースロー時の違反の処置

ショットが
成功した場合

フリースローシューターの
違反

⬇

得点は認められない

📄 ルール

フリースローが成功しても、フリースローシューターのバイオレーションがあったときは、得点は認められない。

あとにフリースローが続く場合、あるいはファウルの罰則によりスローインのボールが与えられることになっていた場合を除き、フリースローラインの延長線上からのスローインのボールが相手チームに与えられる。

フリースローシューター以外の
違反

⬇

得点は認められ違反はなし

📄 ルール

フリースローが成功して、フリースローシューター以外のプレーヤーにバイオレーションがあった場合:

・得点は認められる。

・バイオレーションはなかったものとする。

最後のフリースローの場合は、フリースローシューターの相手チームによりエンドラインの任意の位置からのスローインになる。

スロー成功時は相手の違反よりも得点を優先する

　フリースローのやり方にも規定があり、違反すればバイオレーションとなる。シューターが違反を犯した場合、たとえスローが成功しても得点は認められず、残りのスローが無ければ相手チームボールとなる。一方、ディフェンス側の違反は、スローが成功したのであれば得点を優先し、違反はなかったものとしてゲームを進める。ただし、不成功の場合はスローのやり直しとなる。

ショットが
失敗した場合

オフェンスプレーヤーの
違反

⬇

相手チームのスローイン

 ルール

最後のフリースローが成功せず、フリースローシューター、あるいはそのチームメイトにバイオレーションがあった場合、それに続くスローインのボールが与えられることになっていた場合を除き、フリースローラインの延長線上からのスローインのボールが相手チームに与えられる。

ディフェンスプレーヤーの
違反

⬇

フリースローをやり直す

ルール

・フリースローシューターの相手チームのバイオレーションによるものであれば、フリースローシューターにやり直しのフリースローが与えられる。

・最後のフリースローで両チームのバイオレーションであれば、ジャンプボールシチュエーションになる。

こんなときはどうなの?

☞ **フリースロー** 編

$Q_{.1}$ フリースローラインを踏んでショットしちゃった!

$A_{.1}$ フリースローラインに接した半円内でショットするのがルール。ラインに触れてしまうとバイオレーションになる。また、ボールがリングに当たる前にリバウンダーが制限区域内に触れた場合も違反となる。

$Q_{.2}$ 相手を惑わそうとショットを打つふりをしてやめた!

$A_{.2}$ フリースローは5秒以内であれば自分のタイミングでショットして構わないが、相手チームを惑わすためにフェイントをかける行為はバイオレーションになってしまうので注意しよう。

$Q._3$ ショットを打つ直前に
シューターにしゃべりかけた！

$A._3$ シューターの気を引くために話しかける行為は NG。そのほかにも、手を叩いたり、ジェスチャーなどで相手の気持ちを乱したとみなされた場合はバイオレーションになる。

$Q._4$ 最後のフリースローが
リングに当たらなかった！

$A._4$ ボールがリングに当たる前に床に触れると違反スローになる。後にスローが続く場合はそのスローが無効となり、最後のスローの場合は相手のスローインでゲームが再開される。

スローインの位置と方法①

▶ プレーが止まった地点に最も近いところから再開する

再開する位置

バイオレーション、ファウルが起こったところ、あるいは審判が
ゲームを止めたときにボールがあったところに最も近いアウトオ
ブバウンズからスローインをおこなう。ただし、バックボードの
真後ろからはスローインをおこなわない。

サイドライン、エンドライン
のどちらに近いか微妙なとき
は審判に確認する。

スローインは5秒以内におこなう

　バイオレーションやパーソナルファウル（ショット動作中、チーム累積が5回以上の場合を除く）が起きたときは、相手チームにスローインが与えられる。サイド、エンドにかかわらず最寄りのアウトオブバウンズから再開するが、バックボードの真後ろからはおこなわない。また、5秒を超えてボールをスローしなかったり、コートに足を踏み入れると違反となる。

スローインで再開する方法

📖 ルール

スローインをするプレーヤーは、次のことをしてはならない：
・スローインのボールを手離すのに5秒を超えること。
・スローインのボールを手に持ったままコートに足を踏み入れること。
　【補足】スローインをしようとしたときにコートに足を踏み入れてしまった場合にも
　　　　　このルールが適用される。
・スローインをしたボールがコート内のプレーヤーに触れる前にアウトオブバウンズになること。
・他のプレーヤーが触れる前にコート上でボールに触れること。
・スローインをしたボールが（コート内のプレーヤーに触れないで）直接バスケットに入ること。
・スローインのボールを手離す前に、審判に指示された場所からライン沿いに1mを超えて移動すること。一度移動してから逆の方向に移動し直しても構わない。また、コートのまわりにゆとりがあれば、ラインから直角に1mの距離を超えて繰り返し遠ざかったり近づいたりしてスローインをしてもよい。

ゲーム残り2分の特別ルール

📖 ルール

第4クォーター、各オーバータイムでゲームクロックが2:00 あるいはそれ以下を表示しているとき、バックコートからスローインを与えられることになっているチームに認められたタイムアウトの後で、そのチームのヘッドコーチは、フロントコートのスローインラインからのスローインでゲームを再開するか、バックコートのゲームが止められた場所に最も近いアウトオブバウンズからのスローインでゲームを再開するかを選択することができる。

スローインの位置と方法②

▶ 時間や状況によって再開位置が異なる場合もある

ゴール後のスローインではエンドライン沿いを自由に移動できる。

ゴール後のスローイン

❶エンドラインの任意の位置からスローインを 5 秒以内におこなう。

❷スローインをするプレーヤーは、動いて位置を変えてもよいしエンドラインのアウトオブバウンズにいる味方のプレーヤーにパスしてもよい。

**第2クォーター以降の
クォーター開始時** ▶ **センターラインを
またいでスローイン**

このラインをまたぐ

センターライン

スコアラーズテーブルの逆サイド、センターラインの外からスローインをおこなう。スローワーはセンターラインの延長線をまたいで立つ。

**第4Q、またはオーバータイムの
残り2分間でのタイムアウトからの再開時** ▶ **フロント or バックコートの
どちらかを選択できる**

スローインライン

スローインライン

フロントコートのスローインラインか、バックコートのゲームが止められた場所に最も近いアウトオブバウンズからのスローインかのどちらかを選択できる。

こんなときはどうなの？
☞ スローイン 編

Q.1 体育館が狭くてコートから壁までが近い！

A.1 障害物からラインまでが2m以下の狭い体育館では、ディフェンス側がスローワーから1mより離れるよう定められている。

Q.2 ラインを踏んでスローインしちゃった！

A.2 ライン上はコート外に含まれるため、踏んだだけであれば問題ない。ただし、ラインを踏み越えてコート内に触れると違反になる。

Q.3 スローしたボールが誰にも触れずコート外に出た！

A.3 誰にも触らず外に出た場合はバイオレーション。この場合、元のスローインをおこなう位置から相手のスローインでゲームを再開する。

Q.4 相手に当てたボールを自分でキャッチした！

A.4 一度誰かに触れたボールなら自らキャッチしても良い。ただし、コート外からジャンプして着地前にキャッチするのはNGだ。

Q.5 審判にボールを渡された場所から移動した！

オイ！

A.5 1mの範囲内であれば自由に移動できる。また、ゴールされた後のスローインはエンドライン沿いを自由に移動できる。

タイムアウト

▶ 前半2回、後半3回のタイムアウトが認められている

請求方法とタイミング

タイムアウトを請求できるのはコーチまたはアシスタントコーチだけであり、直接スコアラーに対してタイムアウトの請求を伝える。

タイムアウトの請求は目で見てはっきり分かるようにオフィシャルに伝える。

前半 (第1・2Q)	**2** 回
後半 (第3・4Q)	**3** 回
各オーバータイム	**1** 回

自チームのショット成功時はタイムアウトを取得できない

　試合を1分間休止し、作戦の指示などがおこなえるタイムアウト。両チームとも前半2回、後半3回（ただし、第4Qの最後の2分間は2回までしか認められない）ずつ取得可能だが、いつでもゲームを中断できるわけではない。ファウルやバイオレーションが起こったとき、最後のフリースロー成功時、相手チームのショット成功時などが主な認められる時機。フリースロー時を除いて自チームのショット成功時は取得できないので注意が必要だ。

タイムアウトの規定

ルール

「タイムアウトが認められる時機」は、次のときに始まる：

・ボールがデッドでゲームクロックが止められたとき。

ただし、ファウルまたはバイオレーションのあとは、審判がテーブルオフィシャルズに伝達を終えたとき（両チームとも請求することができる）。

・最後のフリースローが成功してボールがデッドになったとき（両チームとも請求することができる）。

・相手チームがフィールドゴールで得点したとき（得点されたチームは請求することができる）。

「タイムアウトが認められる時機」は、スローインをするプレーヤーにボールが与えられたとき、あるいはフリースローの場合はボールがフリースローシューターに与えられたときに終わる。

それぞれのチームに認められるタイムアウトの回数は：

・前半（第1クォーターと第2クォーター）に2回。
・後半（第3クォーターと第4クォーター）に3回。
ただし、第4クォーターで、ゲームクロックが2:00あるいはそれ以下を表示しているときには2回までしかタイムアウトをとることはできない。

・各オーバータイムに1回。

選手交代

▶ 交代回数に制限はないが時機は限られる

交代の手続き

交代要員自身がスコアラーにその申し出を伝えるか、スコアラーに交代の申し出がはっきりと伝わるように交代席に座る。

タイムアウトと同じく、スコアラーに交代の意思をはっきりと示すことが大切だ。

第4Qの残り2分間であれば相手のショット成功時でも取得可

　自由度の高い選手交代はバスケットボールの特徴。スコアラーに請求することで何度でも交代が可能だ。ただし、タイムアウトと同様に認められる時機は限られているので注意しよう。認められるタイミングはタイムアウトとほぼ同じだが、相手チームのショット成功時に認められるのは第4クォーターの残り2分間のみであるのが相違点。混同しやすいのでしっかり覚えておきたい。

交代の規定

「交代が認められる時機」は、次のときに始まる：

・ボールがデッドでゲームクロックが止められたとき。

ただし、ファウルまたはバイオレーションの後は、審判がテーブルオフィシャルズに伝達を終えたとき（両チームとも交代することができる）。

・最後のフリースローが成功してボールがデッドになったとき（両チームとも交代することができる）。

・第4クォーター、各オーバータイムでゲームクロックが 2:00 あるいはそれ以下を表示していて相手チームがフィールドゴールで得点したとき（得点されたチームは交代することができる）。

「交代が認められる時機」は、スローインをおこなうプレーヤーにボールが与えられたとき、あるいは最初のフリースローでフリースローをおこなうプレーヤーにボールが与えられたときに終わる。

次の場合を除き、交代が認められたときは、ゲームクロックが一度動いたあと、次にゲームクロックが止められ、ボールがデッドとなるまで、交代要員となったプレーヤーは再びプレーヤーとなることはできず、プレーヤーとなった交代要員は再び交代要員となることができない：

・そのプレーヤーを除くとそのチームが5人のプレーヤーを出場させることができない場合。

・誤りの訂正によってフリースローを与えられるプレーヤーが、通常の交代をしてチームベンチに戻っていた場合。

第4クォーター、各オーバータイムでゲームクロックが 2:00 あるいはそれ以下を表示していてフィールドゴールが成功してゲームクロックが止められた場合、得点したチームに交代は認められない。ただし、審判がゲームを止めた場合を除く。

こんなときはどうなの？
☞ **選手交代** 編

Q.1 ゴールを決められた後に選手を交代したい！

A.1 ゴールを決められた後に選手交代できるのは、第4クォーターとオーバータイムの残り2分間のみだ。ただし、どちらかのチームがタイムアウトを取得した場合は交代も可能になる。

Q.2 第4クォーターの残り2分の間にゴールを決めた。直後に交代したい！

A.2 第4クォーターの残り2分間はゴール後に選手交代がおこなえるが、それは相手に得点された場合のみだ。自チームの得点後は選手交代できないので注意しよう。

$Q_{.3}$ フリースローを打つ選手と交代したい！

$A_{.3}$ 原則として、ファウルを受けた選手がシューターとなるよう定められている。ただし、テクニカルファウルなどで与えられるフリースローは任意の選手を指定できる。

$Q_{.4}$ フリースローを打とうとしている選手が退場しちゃった！

$A_{.4}$ 負傷や5回目のファウルでシューターが出場できなくなった場合、交代は可能だ。ただ、交代して出場する選手がそのままシューターとなるよう決まっている。

ケガと介助

▶ 通常はひと区切りつくまで笛を鳴らさないでおく

負傷者の状況次第では、ゲームを止める判断も必要になる。

ゲームを続行させながら負傷者の状態を確認する

ケガ人が出た場合、保護の必要があるときを除き、プレーがひと区切りつく
まで試合は続行される。審判はゲームに区切りがつくまでに負傷者を確認し、
出血がある場合や15秒以上ゲームに参加できない場合は速やかにケガ人を
交代させるよう定められている。また、出血した選手は止血が終わるまでその
ゲームに再び出場することができない。

ケガ人の保護

ケガが発生したときにボールがライブであれば、どちらのチームにも不利にならない限り、
以下の事象が起こるまで審判は笛を吹かない。
❶ボールをコントロールしているチームがショットを放つ
❷ボールをコントロールしているチームがボールのコントロールを失う
❸ボールをコントロールしているチームがプレーをすることを
控える
❹ボールがデッドになる
ただし、ケガをしたプレーヤーの保護が必要な場合は、審判は
速やかにゲームを止める。

出血の措置

プレーヤーが出血したり外傷を負ったりしたときは、審判はそ
のプレーヤーを交代させる。そのプレーヤーは、出血が止まる
か傷口を完全に覆う手当てをしてからでなければ再びゲームに
出場することはできない。負傷したプレーヤーは速やかに交代
しなければならないが、そのプレーヤーの交代を知らせるため
にスコアラーがブザーを鳴らすよりも前にどちらかのチームが
タイムアウトを請求し、そのタイムアウトの間に手当てが終わっ
たときは、引き続きプレーをすることができる。

最初のルールは13項目

　バスケットボールは、サッカーや野球と比べると歴史が浅く、体育の授業で創案されたという稀な理由から、はじめておこなわれた日付や場所、ルールまでが明確になっています。以下は当初あった13のルールを簡潔にまとめたものになります。

（1）ボールをどの方向にも投げられる。

（2）ボールを叩くことができる（拳はNG）。

（3）ボールを持って走ることはNG。走りながらキャッチした場合、数歩は許容。

（4）ボールは両手で保持する。腕や体で保持しない。

（5）相手に肩で突っ込む、相手を握る、押す、叩く、つまずかせることはNG。

（6）拳でボールを叩く、3〜5の項目はファウル。

（7）どちらかが3回連続ファウルをすると、相手に1ゴールを与える。

（8）地面からボールが投げられるか、叩かれるかしてかごの中にボールが入るとゴール。

（9）ボールがアウトオブバウンズになると、最初にボールを保持した選手がスローイン。

（10）副審は選手をジャッジ。連続3回のファウルがあった場合は主審に伝える。

（11）主審はボールをジャッジし、試合時間を計る。

（12）試合時間は前後半15分ずつ、ハーフタイムは5分。

（13）多くのゴールを決めた方が勝利。

　なお、（9）はアウトオブバウンズのボールの取り合いが起こったことなどから、早期に現在のルールに変更されたようです。ジェームズ・ネイスミスが体育の授業ですべての生徒が安全に楽しめるようにと創案したこの13のルールは、200を超える現在のルールの礎となっています。

PART 3

バイオレーション

バイオレーションの規定

▶ ファウルにはならないルール違反

主なバイオレーション

ボールコントロール中のバイオレーション

● **アウトオブバウンズ**
【ボールがライン上もしくはライン外の床に触れる行為】

罰則 発生場所で相手にスローインが与えられる。

P.72～75 参照

● **ドリブルの違反**
【ダブルドリブルやイリーガルドリブルが代表的な違反】

罰則 発生場所に最寄りのアウトオブバウンズで相手にスローインが与えられる。

P.76～79 参照

● **トラベリング**
【ピボットフットを規定の範囲を超えて動かすこと】

罰則 発生場所に最寄りのアウトオブバウンズで相手にスローインが与えられる。

P.80～87 参照

ショットに対するバイオレーション

● **ゴールテンディング**
【落下中のショットをブロックしてはいけない】

罰則 守備側の違反の場合、相手の得点が認められる。

P.102～103 参照

● **インタフェアレンス**
【バスケットやボードに触れて得点を妨げる行為】

罰則 守備側の違反の場合、相手の得点が認められる。

P.104～105 参照

バイオレーションを犯すと相手チームにスローインが与えられる

　バイオレーションとは、体の触れ合いやスポーツマンらしくない行為を除いた規則の違反を指す。主なものとしては、ボールコントロールに関する違反、プレーの時間制限に関する違反、ショットされたボールに関する違反などがあげられる。違反を犯すと、ゴールテンディング、インタフェアレンスなどの例外を除き、相手チームにスローインが与えられる。

時間に関するバイオレーション

● 3秒ルール
【攻撃側のプレーヤーが3秒を超えて制限区域に留まってならない】

罰則 発生場所に最寄りのアウトオブバウンズで相手にスローインが与えられる。

P.88 参照

● 5秒ルール
【近接してガードされた場合、5秒を超えてボールを留めてはならない】

罰則 発生場所に最寄りのアウトオブバウンズで相手にスローインが与えられる。

P.90 参照

● 8秒ルール
【ボールをフロントコートに8秒以内に進めなければならない】

罰則 相手チームのフロントコートからのスローインが与えられる。

P.92 参照

● 24秒ルール
【24秒以内にボールがリングに触れるか、バスケットに入らなければならない】

罰則 発生場所に最寄りのアウトオブバウンズで相手にスローインが与えられる。

P.94～99 参照

その他のバイオレーション

● バックコートバイオレーション
【ボールをバックコートへ返すバイオレーション】

罰則 相手チームのフロントコートからのスローインが与えられる。

P.100～101 参照

● キックボール
【故意に足でボールを扱うバイオレーション】

罰則 発生場所に最寄りのアウトオブバウンズで相手にスローインが与えられる。

P.42 参照

アウトオブバウンズ①

▶ ボールを持ったプレーヤーがライン上やライン外の床に触れる行為

ラインを踏む

ボールを持ったプレーヤーがラインまたはラインの外の床に触れるとアウトオブバウンズのバイオレーションとなる。

ボールがコート内にあっても、保持者がコート外に触れると違反となる。

コート外

コート外

ライン上はコート外の扱い
バスケットボールではライン上はコートの外として扱われる。

コート内

空中の場合

❶プレーヤーおよびボールは、ラインかライン外の床に触れていなければ、空中でラインの外に出てもアウトオブバウンズとはならない。

❷ただし、ラインおよびライン外の床に触れた状態からジャンプし、空中でボールを触った場合はバイオレーションとなる。

空中でボールが出ても、床に触れる前にコート内に戻せば OK。

コート外からジャンプしてボールに触れた場合は違反となる。

両チームのプレーヤーがボールをつかんだままラインを踏む

片方の選手が踏んだ場合でもバイオレーションにはならず、ジャンプボールシチュエーション（P.41 参照）となる。

どちらか一方が踏んでもジャンプボールになるので注意。

アウトオブバウンズ②

▶ バックボードの支柱はアウトオブバウンズになる

バックボード周辺でも、当たった場所により処置は変わってくる。

アウトオブバウンズになる

①バックボード上方の設置物
②バックボードの支柱
③バックボードの裏

アウトオブバウンズにならない

バックボードの縁

バックボードや支柱に当たった場合

❶バックボードの支柱、バックボードの裏、バックボード上方に設置されたもの（ショットクロックなど）に触れた場合はアウトオブバウンズとなる。
❷バックボードの縁に触れた場合はアウトオブバウンズにならない。

ボールがラインに触れる

ボールがラインもしくはライン外の床に触れた場合は、最後に
ボールに触れたプレーヤーにアウトオブバウンズのバイオレー
ションが宣せられる。

ラインに少しでも触れればア
ウトオブバウンズとなる。

ボールが審判に触れる

ボールがコート内にいる審判に当たってコート外に出た場合、
もしくはコート外にいる審判に当たってコート内に戻ってきた
場合はいずれも最後にボールに触れたプレーヤーのアウトオブ
バウンズとなる。

審判以外にも、障害物に当
たった際は同様の措置をとる。

ドリブルの違反

▶ ダブルドリブルやイリーガルドリブルが代表的な違反

イリーガルドリブル

片手でボールを支え持つようにドリブルをつくとイリーガルドリブルのバイオレーションとなる。

○ 支え持たず、リズムよく跳ねさせていれば問題ない。

✕ 手首を返して、ボールを支え持つようにつくのは NG だ。

📝 **ルール**

ドリブルが始まるのは、コート上でライブのボールをコントロールしたプレーヤーが、ボールをフロアに投げたり叩いたり転がしたり、弾ませたりして、その後、他のプレーヤーが触れないうちに再びそのボールに触れたときである。ドリブルの間ボールを空中に投げることもできるが、ボールがコートや他のプレーヤーに触れる前に、ボールを投げたプレーヤーがもう一度自分の手でボールに触れることはできない。ボールが手に触れていない間は、そのプレーヤーの踏むステップの数に制限はない。ドリブルが終わるのは、ドリブラーの両手が同時にボールに触れるか、片手または両手でボールを支え持ったときである。

ダブルドリブル

一度ドリブルを終えたあと、再びドリブルをつくとダブルドリブルのバイオレーションとなる。

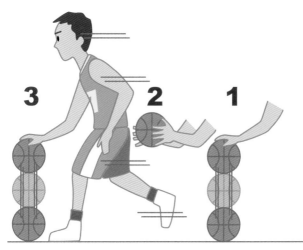

3 **2** **1**

ドリブルを終えたあと、再びドリブルを開始することはできない。

📋 ルール

以下の行為はドリブルではない：

・連続してボールを放つこと。
・ドリブルを始めるときや終わるときにボールをファンブルすること。
・他のプレーヤーの近くにあるボールをはじき出してコントロールしようとすること。
・他のプレーヤーがコントロールしているボールをはじき出すこと。
・パスされたボールをはじき落としてそのボールをコントロールしようとすること。
・トラベリングにならない範囲で、コートにボールがつく前に、片手もしくは両手でボールを支え持って、手から手にボールをトスして移すこと。
・バックボードを狙ってボールを投げ、再びボールをコントロールすること。

こんなときはどうなの？
☞ ドリブルの違反 編

Q.1 キャッチミスしたボールを拾ってドリブルした！

A.1 味方のパスをファンブルし、ボールを誤って床に落としてしまった場合はドリブルしたことにはならない。ただし、ドリブルを終わるときにファンブルし、そこからドリブルし直すプレーは違反になる。

Q.2 ドリブル後にショットをしたがリングにも当たらず自分でそのままキャッチした！

A.2 空中にボールを投げたプレーを審判がショットと判断すれば、バイオレーションにはならない。ただし、ショットでなく意図的にボールを投げて自らキャッチするプレーはバイオレーションになる。

$Q_{.3}$ ドリブル後にパスしたボールが
ほかのプレーヤーに触れて
再び自分でキャッチした!

$A_{.3}$ パスカットやスティールショットブロックなどで一度相手のプレーヤーに触れたボールをリカバーした場合、直前についていたドリブルはリセットされ、再びドリブルをすることができる。

$Q_{.4}$ 相手のパスを床に叩き落として、
そのボールをキャッチした!

$A_{.4}$ 相手のパスをカットした場合、ボールが床に弾んでしまったとしても、ファンブルと同じくドリブルとして扱われない。そのため、保持した後にドリブルを始めてもバイオレーションにはならない。

トラベリング①

▶ ピボットフットを規定の範囲を超えて動かすこと

片足を自由に動かせるピボット

プレーヤーは、片方の足(ピボットフット)を床につけたままであれば、他方の足を何度でも動かせる。これをピボットと呼ぶ。

ピボットフット

ピボットフットがずれるとトラベリングになるので注意。

トラベリングかどうかの基準となるピボットの動き

　片足を床につけたまま、もう一方の足を何度も動かすプレーをピボットと呼ぶが、この範囲を超えて足を動かす違反がトラベリングだ。一般的には3歩以上歩く違反というイメージがあるが、実際はもっと複雑。ピボットの状況や次におこなうプレーなどで動ける範囲が変わってくるので、まずはピボットの規定をしっかりと覚えておこう。

ルール

コート上でライブのボールをキャッチしたプレーヤーのピボットフットの決め方：

・コートに両足で立ったままボールをキャッチしたプレーヤーの場合：

　–片足を上げた瞬間、もう片方の足がピボットフットになる。

　–ドリブルを始めるためには、ボールが手から離れる前にピボットフットを上げてはならない。

　–パスもしくはショットをするためにピボットフットでジャンプすることはできるが、どちらかの足がコートに着地する前にボールを手から離さなくてはならない。

・動きながらまたはドリブルを終えるときにボールをキャッチしたプレーヤーは、ストップしたりパスやショットしたりするために、2歩までステップを踏むことができる：

　【補足】動きながら足がコートについた状態でボールをコントロールした場合、コートについている足は0歩目とし、その後2歩までステップを踏むことができる。その場合、1歩目がピボットフットになる。

　–ボールをキャッチした後ドリブルを始めるには、2歩目のステップを踏む前にボールを離さなければならない。

　–1歩目のステップは、ボールをコントロールしたあとにコートについた片足または両足である。

　–2歩目のステップは、1歩目のステップのあとにコートについた反対の足または同時についた両足である。

　–プレーヤーの1歩目のステップがほぼ同時に両足でコートについたとき、ピボットをする場合はどちらの足でもピボットフットにすることができる。両足でジャンプした場合は、コートに着地するまでにボールを手から離さなくてはならない。

　–プレーヤーが片足でコートに着地したときには、その足しかピボットフットにすることができない。

　–プレーヤーは1歩目のステップで踏み切り、両足で同時に着地してもよいが、どちらの足でもピボットすることはできない。その後、片足または両足のいずれかがコートから離れたときには、足がコートにつく前にボールを手から離さなくてはならない。

　–両足がコートから離れた状態から両足を同時にコートについたときは、片方の足を離したときにもう片方の足がピボットフットになる。

　–ドリブルを終えたあと、あるいはボールをコントロールしたあとに、連続して同じ片足でコートに触れたり、連続して両足でコートに触れてはならない。

part 3 バイオレーション

▼ トラベリング①

トラベリング②

▶ ピボットの状況によってもトラベリングの規定は変わる

ピボットフットが決まったあとの動き方

❶ パスかショットの場合

▶ ピボットフットを離してもよいが、再び足が床につく前にボールを手から離す。

■ ピボットフット
□ ピボットフットでない足
⬚ 空中に浮かせた足

ピボットフットが決まる	ピボットフットを離してパス or ショット

左足がピボットフット。この後にショットやパスを打つ場合、左足は床から離すことができる。

左足を離してパスかショットをおこなう。左足が再び床につくまでにボールを離さなければ違反だ。

❷ ドリブルする場合

▶ ピボットフットを床につけたままボールを手から離す。

ピボットフットが決まる	ピボットフットをつけたままドリブル

左足がピボットフット。ドリブルを開始する際は左足を床につけたままおこなう。

パスやショットと違い、離れるとトラベリングとなってしまうので注意が必要だ。

トラベリングかどうかの基準となるピボットの動き

プレーヤーがボールを持ち、P.81のピボットフットの決め方に従ってピボットフットが決まったら、次にどんなプレーをおこなうかで動ける範囲が変わってくる。パスかショットをする場合、ドリブルする場合のそれぞれの動き方をしっかりチェックしておこう。また、ピボットができない止まり方をした場合はさらに動き方が制限されるので注意が必要だ。

ピボットができない止まり方をした場合の動き方

❶パスかショットの場合

▶片足を床から離してもよいしジャンプしてもよいが、次にどちらかの足が床につく前にボールを手から離す。

ピボットできない状態	ジャンプしてパスorショット	片足を離してパスorショット
P.81のピボットフットの決め方のピボットできない止まり方で止まった場合。	片足あるいはジャンプして両足を離しても良いが、足が空中にある間にパスかショットをする。	

❷ドリブルする場合

▶両足が床についている間にボールを手から離す。

ピボットできない状態		両足をつけたままドリブル
こちらも両足ともピボットフットにできず、ピボットできない状態。		次にドリブルするときは両足とも床につけたままおこなわなければならない。

トラベリング③

▶ 床に倒れたボール保持者が立ち上がるとトラベリング

ボールを持ったプレーヤーが床に倒れたとき

❶床に倒れる、倒れた勢いで滑る、横たわっているときにボールをつかむ。
⇒トラベリングにはならない。

❷倒れたプレーヤーがボールを持ったまま転がったり、立ち上がる。
⇒トラベリングになる。

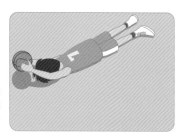

1

競り合いの中でボールを持ったまま床に倒れ込んだ。この時点ではまだトラベリングの反則にはならない。

2

倒れたあと、ボールを持ったまま転がってしまうとトラベリング。また、倒れたあと立ち上がるのもトラベリングだ。

倒れたあとの動きとトラベリングの規定

 ルール

プレーヤーがフロアに倒れること、横たわること、座ること:

- ボールを持ったままフロアに倒れたり滑ったり、あるいはフロアに横たわったり座ったりしている状態で、ボールをコントロールすることは正当である。

- その後にボールを持ったまま転がるか,立ち上がることはバイオレーションである。

こんなときはどうなの？ ☞トラベリング 編

Q.1 ボールを持ったままバランスを崩してフロアに倒れた

A.1 意図せずフロアに倒れたのでバイオレーションではない。

Q.2 フロアに横たわりながらボールをコントロールし、その後に……
- ❶ パスをした
- ❷ 横たわったままドリブルを始めた
- ❸ ドリブルしながら立ち上がった
- ❹ ボールを持ったまま立ち上がろうとした

A.2 ❶〜❸はバイオレーションではない。❹はトラベリングのバイオレーションである。

Q.3 ボールを持ったままフロアに倒れ、その勢いでフロアを滑った

A.3 意図せず滑った場合はバイオレーションではない。しかし、その後に転がるか、ボールを持ったまま立ち上がろうとすればトラベリングのバイオレーションである。

まとめ：トラベリングの基本的な考え方

トラベリングは、走りながらボールをキャッチするのか、ピボットからショットするのかなど、ボールをコントロールする（またはしている）状況によって変わる。そのため、ここではトラベリングの基本的な考え方をまとめたので参考にしてほしい。

❶ 動きながらキャッチ

歩いたり、走ったり動きながらフロアに足をついた状態でボールをキャッチした場合は、キャッチした後に2歩までステップを踏むことができる。つまり、キャッチ中のステップは0歩としてカウントされ、0歩→1歩→2歩となる。

❷ ドリブル終了時

ドリブル終了時も基本的には上記の❶の考え方が適用される。つまり、ドリブルが終わり（ショットやパスなどをするために）ボールをコントロールする間にステップした足は0歩としてカウントされる。

❸ 空中でキャッチ

上記の❶と❷の状況であっても、ボールをコントロールした状態が明らかに空中である場合は、着地した足が1歩目（ピボットフット）となる。

❹ ドリブル開始時

a 止まった状態からドリブルをする場合、ピボットフットがフロアから離れる前にボールをリリースしなければならない。

b 左の❶のように、0歩目が適用され一連の動きの中でドリブルした場合、2歩目がフロアにつく前にボールをリリースしなければならない。ただし1歩目のピボットフットが確立した後に止まった状態ができた場合は、上記❹aが適用される。

❺ ショット or パス時

ショットやパスの場合は、2歩目のステップ後にボールをリリースしてもよい。ただし、2歩目でジャンプした場合、次に足がフロアにつく前にショットかパスをしなければならない。

❻ 同足連続ステップ

右足→右足・左足→左足・両足→両足のように、同じ足を連続して使うことができない（このとき両足とは、ほぼ同時に両足がフロアについた状態を指す）。

3秒ルール

▶ 攻撃側のプレーヤーが3秒を超えて制限区域に留まってはならない

制限区域 (ペイントエリア)

フロントコート内で、ライブのボールをコントロールしている
チームのプレーヤーは、ゲームクロック動作中は3秒を超えて
制限区域に留まってはいけない。

制限区域 (P.16 参照) に3秒以上留まると攻撃
側が有利になってしまうため作られたルール。

ルール

以下のプレーヤーについてはバイオレーションにならない：

・制限区域から出ようとしている。

・そのプレーヤーあるいはチームメイトがショットの動作（アクトオブシューティン
　グ）中で、ボールが手から離れたか離れようとしている。

・制限区域内に3秒未満いたあと、ゴールのショットをするためにドリブルをしている。

片足が区域内に残る▶3秒バイオレーションになる

片足だけ出して再び区域内に
戻るのはバイオレーション。

両足が区域外に出る▶3秒バイオレーションにならない

両足とも区域外に出れば、カ
ウントはリセットされる。

５秒ルール

▶ 1m 以内で積極的に守られたら５秒ルールが適用される

５秒以上ボールを留める

近接してガードされているプレーヤーは、５秒以内にパス、ショットあるいはドリブルをしなければならない。

近接して積極的に防御されている場合、５秒を超えてボールを留めるとバイオレーションとなる。

1m 以内の積極的なディフェンスが「近接して防御」の定義

　近接して防御されたプレーヤーが5秒以内にショットやパス、ドリブルをおこなわなければならないのが5秒ルール。ポイントとなるのは、どのタイミングで「近接して防御された」とみなされるかだ。ボールを持っているプレーヤーは、ディフェンスに1m 以内で積極的に守られた場合、「近接して防御された」ことになり、そこから5秒ルールのカウントが開始される。

近接してディフェンスされる▶5秒ルール適用

1mより近い位置で積極的にディフェンスされたボール保持者は5秒ルールが適用される。

▼ 5秒ルール

1mよりも近い

近接されていない▶5秒ルール不適用

ボールを持っていても、防御側が1m以上離れている場合、5秒のカウントは適用されない。

1m以上離れる

8秒ルール

▶ ボールをフロントコートに8秒以内に進めなければならない

カウントの開始

バックコート内でライブのボールをコントロールしたチームは、8秒以内にボールをフロントコートに進めなければならない。このときのカウントは下記の時点から開始される。

❶自チームのプレーヤーがバックコートであらたにボールをコントロールしたとき。

❷スローインされたボールがバックコート内のプレーヤーに触れ、スローインしたチームのプレーヤーがバックコートでそのボールをコントロールしたとき。

フロントコート

バックコート

攻撃方向 ↑

ボールをコントロールした瞬間
リバウンドなどで、ボールをコントロールするとカウント開始。

スローインのボールに触れた瞬間
バックコートでスローインに触れると、カウントがスタートする。

カウントの終了

下記の時点でボールがフロントコートに進んだことになる。

❶ どのプレーヤーにもコントロールされていないボールがフロントコートに触れたとき。

❷ 両足が完全にフロントコートに触れているオフェンスのプレーヤーにボールが触れたとき。

❸ 体の一部がバックコートに触れているディフェンスのプレーヤーにボールが触れたとき。

❹ ボールをコントロールしているチームのフロントコートに体の一部が触れている審判にボールが触れたとき。

❺ バックコートからフロントコートへドリブルをしている間に、ボールとドリブラーの両足が完全にフロントコートに触れたとき。

両足とボールが
フロントコートに触れる

ドリブル時は、両足とボールが完全にフロントコートに触れるとカウントが終了する。

センターライン

ボールと片足が進んでも、もう一方の足が残っているとカウントは継続。また、両足がフロントコートに進んでも、足の一部が少しでもバックコートに残っている場合はカウント終了にはならない。

24秒ルール①

▶ 24秒以内にボールがリングに触れるか、バスケットに入らなければならない

カウントの開始

コート内でライブのボールをコントロールしたチームは、24秒以内にショットを打たなければならない。このときのカウントは下記の時点から開始される。

❶ 自チームのプレーヤーがコート内であらたにボールをコントロールしたとき。

❷ スローインされたボールがコート内のプレーヤーに触れたとき。

カウントを開始する瞬間は基本的に 8 秒ルールと同じだ。

リングに当たらなければ、ショットを打ってもカウントは継続

　このルールのポイントとなるのはカウントのリセットのタイミングなので、しっかり把握したい。ファウルやバイオレーション、ショットの成功で相手ボールになったときは当然ながらリセットされるが、ボールが相手チームのリングに当たった場合にもリセットされる。逆に、当たらなかった場合はショットを打ったとしてもカウントが継続されるので注意しよう。

カウントのリセット

下記の時点でカウントが止まり14秒、または24秒にリセットされる。

❶オフェンス側のプレーヤーがファウルやバイオレーションを犯してクロックが止まったとき。

❷ボールがバスケットに入ったとき。

❸ボールが相手チームのリングに触れたとき。

ボールが相手リングに触れる	ボールが相手リングに触れない
カウントリセット	→ **カウント継続**
ショットを打ってリングにボールが当たった場合、カウントはいったんリセットされる。	ショットを打っても、リングにボールが当たらなければカウントはリセットされない。

14秒、または24秒にリセットされるとき

リングに当たったボールをオフェンスチームがリバウンドをして、引き続きボールをコントロールした。　▸▸▸ **14秒にリセット**

リングに当たったボールをディフェンスチームがリバウンドをした。　▸▸▸ **24秒にリセット**

95

24秒ルール②

▶ ファウルされたときは場所や時間によってリセット方法が変わる

ファウルされたときのショットクロックの取り扱い

ファウルされた後のスローインが自チームのバックコートかフロントコートか、クロックの残りが14秒以上かどうかによって処置が異なる。

バックコートでファウルが発生した場合

⬇

24秒にリセット

※自チームのプレーヤーがケガをした場合やダブルファウル時はリセットされない。

ファウル後のスローインがバックコートでおこなわれる場合、24秒にリセットされる。

フロントコートでは残り13秒以下になるまでリセットされない

　ディフェンスファウルが起きると24秒計にも修正が加えられる。ファウル後のスローインが自チームのバックコートからおこなわれる場合は24秒までリセットされる一方、フロントコートの場合は24秒計が残り14秒以上だとリセットされず、13秒以下でも残り14秒までしかリセットされないので注意しよう。

ブザーが誤って鳴ったとき

ブザーは無視されプレーは継続される。その場合、ブザーが鳴った時点からあらたに24秒のカウントを始める。

フロントコートでファウルが発生した場合

残り **14**秒以上	残り **13**秒以下
↓	↓
リセットせず 継続してカウント	**14**秒にリセット

フロントコートでスローインがおこなわれる場合は、24秒計の残り秒数によって対応が変わるので注意が必要だ。14秒以上の場合は継続、13秒以下の場合は14秒までリセットしてカウントを再開する。

24秒ルール③

▶ 第4クォーター、オーバータイムの残り2分以下での特別ルール

タイムアウト後のスローインの場所次第

再開されるスローインが、フロントコートのスコアラーズテーブルと反対側のスローインラインなのか、バックコートからなのかによって、ショットクロックの取り扱いが変わる。

バックコートから再開

24秒にリセット or 継続

通常の競技規則に従い24秒にリセットされるか、止められたときに残っていた秒数から継続させる。

スローインの場所を決める権利を持つ

　第4クォーターか、もしくはオーバタイム時の残り時間が2分以下になったときに、バックコートからボールの権利を得ることになっているチームにタイムアウトが認められた場合、そのチームは再開のスローイン場所をフロントコートのスコアラーズテーブルと反対側のスローインライン、またはバックコートからのどちらかでおこなうか決めることができる。

フロントコートから再開

残り **14** 秒以上

残り **13** 秒以下

14 秒にリセット

リセットせず
継続してカウント

止められたときのショットクロックが14秒
以上であれば14秒にリセットされ、13秒
以下であればそのまま継続される。

バックコートバイオレーション

▶ ボールをバックコートへ返すバイオレーション

バックコートバイオレーションが適用されるとき

攻撃側がフロントコートでコントロールしていたボールがフロントコートで最後に攻撃側に触れてバックコートへ返り、同じチームのプレーヤーがそのボールに最初に触れると、バックコートバイオレーションとなる。

⚠️ **これは適用外！**

足に当たっただけではボールをコントロールしたことにならないのでバイオレーションは適用されない。

他の攻撃選手がボールに触れる

バックコートからパスされたボールが攻撃選手の足に当たる

相手が最後に触れたボールであれば適用されない

フロントコートでコントロールしていたボールを、バックコートへ返す行為に適用される違反。バックコートへのパスはもちろん、ドリブルしている選手がバックコートに触れた場合でも適用される。ただし、あくまで「攻撃側が最後に触れて」バックコートへ返ったボールが対象。パスカットなどで防御側が最後に触れた場合はバックコートでリカバーしても問題はない。

空中でボールをあらたに保持してバックコートに着地した場合

パスカットなどの際、フロントコートからジャンプして空中で
ボールをキャッチし、バックコートに着地した場合はバイオレー
ション適用外となる。

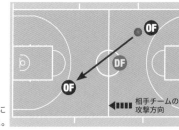

相手チームのプレーヤーが前方に
いる味方へ向かってパスを出した。

相手チームの
攻撃方向

2

ジャンプ!!

そのパスを自チームのフロント
コートからジャンプして空中で
キャッチ。

3

自チームの
攻撃方向

そのまま自チームのバックコート
に着地し、そのボールをチームコ
ントロールした。この場合はバイ
オレーションにはならない。

ゴールテンディング

▶ 落下中のショットをブロックしてはいけない

落下中のボールのショットブロック

ショットが落ち始めてから、ボール全体がリングより高いところにある間、どちらかのチームのプレーヤーがボールに触れるとバイオレーションとなる。

ショットが最高点に達するまでのショットブロックはしてもOK。

守備側のゴールテンディングは得点が認められる

　ゴールの高さより上にあり、なおかつ最高点から落下しているショットに触れる違反がゴールテンディング。ショットされたボールがボードに当たったあと、そのボールに触れる行為も同様の違反となる。守備側の選手がゴールテンディングを犯した場合、相手の得点が認められ、守備側のスローインでゲームが再開される。逆に、攻撃側の選手が犯した場合、得点は認められない。

ボードに触れたボールのショットブロック

ショットがボードに触れたあと、ボール全体がリングより高いところにある間、どちらかのチームのプレーヤーがボールに触れるとバイオレーションとなる。

ボードに当たる前でも落下中のボールであればバイオレーションとなる。

ゴールテンディングの **再開方法**

➡ 攻撃側のゴールテンディング

ショットがバスケットに入っても得点は認められず、フリースローラインの延長線上から相手チームのスローインでゲームを再開する。

➡ 守備側のゴールテンディング

ショットがバスケットに入らなくても攻撃側の得点となり、エンドラインから守備側のチームのスローインで試合が再開される。

インタフェアレンス

▶ **バスケットやボードに触れて得点を妨げる行為**

バスケットの下からボールを押し出す

ボール全体がリングよりも高いところにあるとき、あるいはボールがリングの上に乗っているときにバスケットの下から手を入れてそのボールに触れてはいけない。

ネットの下から外へボールを押し出す行為もインタフェアレンスのバイオレーション。

バスケットに入る可能性があるボールはすべて対象となる

　ショットされたボールがリングの上に乗っているときに、リングやネット、ボードに触れて得点を妨害したと審判が判断した場合、このバイオレーションが適用される。また、バスケットの下からボールを押し出す行為もこの違反に含まれる。リングに当たった後のリバウンドであっても、バスケットに入る可能性があるボールについては対象となる点に注意しよう。

バスケットやボードに触れる

バスケットに入る可能性があるボールがリング上にあるとき、どちらのチームのプレーヤーもバスケットやボードに触れてはいけない。

ネットを引っ張ったり、ボードを叩いたりして得点を防ぐ行為も反則となる。

インタフェアレンスの **再開方法**

➡ 攻撃側のインタフェアレンス

ショットがバスケットに入っても得点は認められず、フリースローラインの延長線上から相手チームのスローインでゲームを再開する。

➡ 守備側のインタフェアレンス

ショットがバスケットに入らなくても攻撃側の得点となり、エンドラインから守備側のチームのスローインで試合が再開される。

バスケットボールワールドカップ

　サッカーと同じように、4年に一度世界一を決めるワールドカップがバスケットボールにもあります。2010年までは「世界選手権」と呼ばれていたので馴染みがない人もいるかもしれませんが、2014年からは「ワールドカップ」に名称も変更されました。主催はFIBA（国際バスケットボール連盟）であり、優勝国にはバスケットボールを創案したジェームズ・ネイスミスのトロフィーが贈られます。ここでは過去の大会結果をまとめました。

年	開催国	優勝国	2位	3位
1990年	アルゼンチン	ユーゴスラビア	ソビエト	アメリカ
1994年	カナダ	アメリカ	ロシア	クロアチア
1998年	ギリシャ	ユーゴスラビア	ロシア	アメリカ
2002年	アメリカ	ユーゴスラビア	アルゼンチン	ドイツ
2006年	日本	スペイン	ギリシャ	アメリカ
2010年	トルコ	アメリカ	トルコ	リトアニア
2014年	スペイン	アメリカ	セルビア	フランス
2019年	中国	スペイン	アルゼンチン	フランス
2023年	日本・インドネシア・フィリピン（共同開催）	ドイツ	セルビア	カナダ

※国名は当時のもの。また、当初は2018年開催予定だったが、サッカーW杯と開催時期をずらすことを目的に1年遅らせた。それ以降は4年間隔になっている。

PART 4
ファウル

ファウルの規定

▶ **不当な触れ合いやスポーツマンらしくない行為**

ファウルの種類

◉ **パーソナルファウル**
【相手との不当な体の触れ合いに宣告されるファウル】
・プッシング　　　　　・ホールディング　　　　・イリーガルスクリーン
・ブロッキング　　　　・イリーガルユースオブハンズ　・チャージング　など
罰則 1つの個人／チームファウルが記録される。

◉ **フェイクファウル**
【ファウルをされたかのように欺くファウル】
罰則 1回目は注意、2回目はテクニカルファウル（悪質な場合は1回目でテクニカルファウル）。

◉ **ダブルファウル**
【両チームのプレーヤーがほぼ同時かつ互いにファウルを犯すと宣告されるファウル】
罰則 両プレーヤーに1つの個人／チームファウルが記録される。

◉ **テクニカルファウル**
【体の触れ合いのない、失礼な振る舞いに宣告されるファウル】
罰則 2つの累積で退場、1つの個人／チームファウルと相手への1本のフリースロー（コーチが犯した場合はチームファウルに数えず、2つの累積で退場となる）。

◉ **アンスポーツマンライクファウル**
【規則の精神を逸脱した触れ合いを起こしたプレーヤーに宣告されるファウル】
罰則 2つ累積で退場、1つの個人／チームファウル相手へのフリースローとスローイン。

◉ **ディスクォリファイングファウル**
【特に悪質な行為に宣告されるファウル】
罰則 1回の宣告で退場、1つのチームファウルと相手へのフリースローとスローイン。

ファウルは個人とチーム、それぞれに累積される

　規則に対する違反のうち、不当な体の触れ合いや悪質な行為、スポーツマンらしくない行為をファウルと呼ぶ。パーソナルファウルを犯すと相手にスローインもしくはフリースローが与えられ、5回の累積でゲームに出場ができなくなる。また、チームとしても各クォーター5回目のファウル以降、ファウルのたびに相手にフリースローが与えられる。

パーソナルファウルの累積

①個人⇒ 5 回累積するとそれ以降試合に出場できない。

②チーム⇒ 5 回目以降のパーソナルファウルのたびに相手チームへフリースローが与えられる。

個人への累積

各プレーヤーは 5 回目のファウル以降、試合に出場することができない。

チームへの累積

各クォーター 5 回目のファウルから相手にフリースローが与えられる。

シリンダーの概念

▶ シリンダー内では自身に専有権がある

オフボールプレーヤーのシリンダー

シリンダーとはコート上のプレーヤーが占める架空の円筒内の空間をいう。シリンダーにはプレーヤーの真上の空間が含まれ、ディフェンスのプレーヤーとボールを持っていないオフェンスのプレーヤーのシリンダーの境界は以下の通り制限される:

・正面は手のひらの位置まで。

・背面は尻の位置まで。

・側面は腕と脚の外側の位置まで。

手や腕は、前腕と手がリーガルガーディングポジションの範囲で上がるように、腕を肘の位置で曲げた状態で前に伸ばすことができるが、足や膝の位置を超えてはならない。

オンボールプレーヤーのシリンダー

オフェンスのプレーヤーが自身のシリンダーの範囲でノーマルバスケットボールプレーを試みているとき、ディフェンスのプレーヤーはボールを持っているオフェンスのプレーヤーのシリンダーの中に入って不当な触れ合いを起こしてはならない。ボールを持っているオフェンスのプレーヤーのシリンダーの境界は以下の通り制限される:

・正面は両足、曲げられた膝、腰より上でボールを持っている腕の位置まで。

・背面は尻の位置まで。

・側面は肘と脚の外側の位置まで。

真上の空間の概念

ルール

ゲーム中すべてのプレーヤーは、相手チームのプレーヤーが占めていない位置であれば、コート上のどのような位置でも占めることができる。この概念は、コート上にプレーヤーが占めた位置の権利およびそのプレーヤーが真上にジャンプする権利も含まれる。

自分のシリンダーから外れた空間で、すでに自分のシリンダーを占めている相手チームのプレーヤーと触れ合いを起こしたときは、自分のシリンダーから外れているプレーヤーにその触れ合いの責任がある。

ディフェンスのプレーヤーが、自分のシリンダー内でジャンプしたり手や腕を上げたりしていて触れ合いが起こっても、そのプレーヤーに触れ合いの責任はなく、罰則が科されることはない。

オフェンスのプレーヤーは、コート上にいるときでも、ジャンプをして空中にいるときでも、リーガルガーディングポジションを占めているディフェンスのプレーヤーと次のような触れ合いを起こしてはならない：

・腕で相手チームのプレーヤーを払いのけたりして、自分に有利な空間をつくること。

・ショットの動作（アクトオブシューティング）中やショットをした後に、脚や腕を広げること。

◎ 真上の空間内で手を上げる

手が接触しているが自分の真上の空間内であるためファウルにならない。

✕ 真上の空間から手を出す

自分の真上の空間から出て相手に接触しているためファウルとなる。

プッシング

▶ 手や体で相手をムリに押しのけるファウル

プッシングになる場合

相手がボールを持っているかどうかにかかわらず、相手を手や体でムリに押しのけるプレーはプッシングとなる。

プッシングのジェスチャー

両手で押す動作をする。

手で相手を押しのける

ドリブルを仕掛けてきた相手を手で押している。写真のようにインサイドでのポストプレーなどでよく起こるファウルだ。

ポジション争いなどオフザボールのプレーも対象となる

　相手を押しのけたり、押して動かすプレーはプッシングとなる。手を使って押した場合はもちろん、お腹や背中など体の一部で相手を押す行為も対象となる。また、ボールと関係ない場所での接触プレーに対しても適用される。主にポストプレーあるいはリバウンドでのポジション争いや、ドリブルをしている選手へのディフェンスなどでよく見られるファウルだ。

ブロッキング

▶ 相手の進行を不当に妨げるファウル

ブロッキングになる場合

相手がボールを持っているかどうかにかかわらず、相手の進行を妨げる不当な体の触れ合いはブロッキングとなる。

▼ ブロッキング

ブロッキングのジェスチャー

両手を腰に当てる。

下半身で相手の進行を妨げる

ゴール方向へドライブしようとしているオフェンスプレーヤーに下半身がぶつかり、進行を妨害している。

オフェンスの進路にディフェンスが割り込むことで起こる

　相手の進行を不当に妨げた場合に適用されるのがブロッキング。ゴール前へのドライブなど、スピードに乗ったオフェンスの進路にディフェンスが割り込むプレーで起こりがちなファウルだ。ただし、接触プレーの責任が攻撃側プレーヤーにあると審判が判断した場合、後述のチャージング（P.122 参照）がオフェンス側にコールされる。

ホールディング

▶ 相手を押さえて行動の自由を妨げるファウル

ホールディングになる場合

相手を押さえて行動の自由を妨げる体の触れ合いはホールディングとなる。押さえつける行為は体のどの部分を使ってもホールディングが適用される。

腕を絡ませて押さえつける

オフェンスに腕を絡ませ、体の自由を奪っている。これでは相手は前に進めない。

ホールディングのジェスチャー

手首を握る。

腕を絡ませて相手を押さえつけるプレーなどが対象となる

　ホールディングの対象となるのは相手をつかんだり、押さえつけたりする行為。リバウンドやポストプレーの際、ジャンプしようとした相手に腕を絡ませて、押さえつけるプレーなどが挙げられる。ただ、相手を押さえつける行為であれば、腕だけでなく体のどの部分を使ってもホールディングが適用される。

117

イリーガルユースオブハンズ

▶ 手や腕で相手の自由な動きを妨げるファウル

イリーガルユースオブハンズになる場合

相手を手で叩いたり、手や腕で相手に触れる行為が相手の自由な動きを妨げているとみなされるとイリーガルユースオブハンズとなる。

「イリーガル＝不当な」腕の使用による妨害行為に適用される

　「イリーガル＝不当な」、「ユースオブハンズ＝手や腕の使用」に対して適用されるファウル。相手を手で叩く行為や、ディフェンスの体に腕を巻きつけるようにドリブルするプレーなどに宣告される。ただし、防御側が「正しいディフェンスのポジション」に従って真上に手を上げていた場合、手が接触してもファウルの対象にならない。

イリーガルユースオブハンズのジェスチャー

手首を叩く。

相手に腕を巻きつけてドリブル

腕を巻きつけてディフェンスの自由な動きを妨害しているためファウルとなる。

イリーガルスクリーン

▶ 不当なスクリーンはすべてファウルになる

正しいスクリーン

下記の2つの条件を満たすスクリーンは、規則で許されている正しいスクリーンで、ファウルにはならない。

❶止まっていてシリンダー内で体の触れ合いが起こる。

❷両足が床についていて体の触れ合いが起こる。

POINT シリンダーの概念

各プレーヤーはシリンダーと呼ばれる左図の空間を占めることができる。前後は手のひらからお尻、左右は腕と脚の外側がその範囲となり、その真上の空間も含まれる。スクリーンの際にこの範囲から出て相手に接触するとファウルとなるので注意しよう。

不当なスクリーン

以下の4つは不当なスクリーン（イリーガルスクリーン）として、ファウルとなる。

❶動きながらスクリーンをかけて触れ合いが起こる。

❷止まっている相手チームのプレーヤーの後ろ（視野の外）から十分な距離をおかずにスクリーンをかけて触れ合いが起こる。

❸動いている相手チームのプレーヤーに対して時間と距離を考慮せずに触れ合いが起こる。

スクリーンの位置の占め方

下記の方法でスクリーンのポジションをとったスクリーンは接触されたプレーヤーに責任があり、ファウルにならない。

相手の前か横（視野の中）からの場合

視野の中

相手の視野の中でスクリーンをかける場合、特に距離をおかずポジションをとってもよい。

相手の背後（視野の外）からの場合

およそ1歩分

視野の外

相手の視野の外からスクリーンをする場合は、相手が普通に動いても当たらない距離（およそ1歩分）をおいてポジションをとる。

相手が動いている場合

およそ1、2歩分

動いている

相手の動きや速さを考慮し、動いて避けられる距離（およそ1、2歩）をおいてポジションを取る。

チャージング

▶ ムリに進行して相手に突き当たるファウル

チャージングになる場合

ドリブルなどでムリに進んで、相手チームのプレーヤーのトルソー(胴体)に突き当たったり押しのけたりする不当な体の触れ合いはチャージングとなる。オフェンスのチャージングかディフェンスのブロッキングかは、防御側のプレーヤーが正しいディフェンスのポジションをとっていたかで判断する。

POINT **正しいディフェンスのポジション**

(1) 防御側プレーヤーが相手チームのプレーヤーに向かい合い、両足を普通に広げて床につけたとき、その防御側プレーヤーは最初の正当な防御の位置を占めたことになる。

(2) 正当な防御の位置には真上の空間も含まれるので、真上の空間の内側であれば、まっすぐ上に手や腕を上げたり真上にジャンプしてもよい。

チャージングのジェスチャー

こぶしをつくりもう片方の手のひらを叩く。

ムリに進行して突き当たる

ムリにドリブルして相手に突き当たっている。相手が正当な防御の位置をとっているのでチャージングのファウルとなる。

オフェンスチャージングとブロッキングは紙一重

　相手に突き当たるような接触が起こった場合、チャージングかブロッキングかの判断がポイントとなる。判断基準は「正しいディフェンスのポジション」で、この姿勢についているディフェンスに突き当たった場合はオフェンスチャージングとなる。逆に、防御側が攻撃側の進路を妨害するなど、不当な体の触れ合いを起こした場合はブロッキングとなる。

ノーチャージセミサークルエリア

▶ チャージングが取られない特別なエリア

エリアの範囲

制限区域内のバスケットの真下からラインの外側の縁までが1.3m
の半円の内側をノーチャージセミサークルエリアとよび、防御側の片
足あるいは両足がエリア内の床か、そのラインに触れている場合は、
オフェンス側はチャージングを取られない。

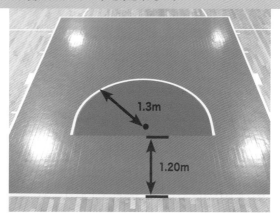

1.3m

1.20m

積極的なオフェンスによる得点を企図したルール

　その名の通り、オフェンスチャージングを取られないエリア。攻撃側がバス
ケットへ向かって積極的にオフェンスするためのルールだ。エリア内だけでは
なく、少しでもディフェンスの足がラインに触れていればこの規則は適用され
る。ただし、エリア内であってもオフェンスが腕や足を使って不当な接触を起
こした場合は、通常の規則通りにジャッジされる。

ディフェンスの足がラインを踏んでいる場合

▷ ルールが適用される

ディフェンスの足先がラインから出ていても、足の一部がラインに触れていれば規則は適用される。

腕や足を不当に使って触れ合いを起こした場合

▷ ルールが適用されない

手や腕、足など体の一部を不当に使って触れ合いを起こすとこの規則は適用されない。

フェイクファウル

▶ ファウルをされたかのように欺くファウル

フェイクファウルになる場合

相手選手との接触がないにもかかわらず、当たったかのように見せかけると、注意か、またはテクニカルファウルが宣告される。

1回目は注意、2回目はテクニカルファウル

フェイクファウルの罰則は、一般的なパーソナルファウルとは異なり、1回目は注意だけで済むことが多い。この注意はボールデッドで時計が止まったときに該当選手とベンチに対して速やかに伝えられる。この注意を受けると、次にフェイクファウルをすると（1回目とは違うプレーヤーがおこなったとしても）テクニカルファウルが宣告させる。

▼ フェイクファウル

当たっていないのにオーバーに倒れる

体が当たったかのようにオーバーに倒れたりして
審判などを欺こうとするとファウルになる。

ダブルファウル

▶ 両チームのプレーヤーがほぼ同時に互いにファウルを犯すこと

お互いに相手をつかむ

リバウンドのポジション争いでお互いに相手をつかんでいる。ほぼ同時に起こった場合はダブルファウルとなる。

ダブルファウルの条件

両チームの2人のプレーヤーがほぼ同時に体の触れ合いを伴うパーソナルファウルを犯し、かつ両者のファウルの罰則が等しい場合ダブルファウルとなる。

罰則に差があればファウルを個別に記録

ダブルファウルの条件のひとつに、ファウルの罰則が等しいことがある。つまり罰則に差が生じる場合は、ダブルファウルとせず通常のファウルとして起きた事象の前後を決定しそれぞれに罰則が与えられる。例えば、チームファウルが5つと2つでは、片方のチームにだけフリースローが与えられてしまうので、このような場合は通常のファウルとして処理される。

ダブルファウルのゲーム再開方法

 ルール

ダブルファウルとは、両チームの2人のプレーヤーがほとんど同時に、互いにパーソナルファウル、あるいはアンスポーツマンライクファウルやディスクォリファイングファウルをした場合をいう。

2つのファウルがダブルファウルであるとみなすためには、以下の条件が求められる：
  – 両方のファウルがプレーヤーのファウルであること。
  – 両方のファウルが体の触れ合いを伴うファウルであること。
  – 両方のファウルが対戦プレーヤー間で起きること。
  – 両方のファウルがともにパーソナルファウル、もしくはアンスポーツマンライクファウルとディスクォリファイングファウルのいずれかの組み合わせであること。

両プレーヤーにパーソナルファウルが記録される。どちらのチームにもフリースローは与えられず、ゲームは、以下の方法で再開する：

ダブルファウルとほとんど同時に
・フィールドゴールや最後のフリースローが成功してどちらかのチームに得点が認められた場合は、得点をされたチームが、エンドラインの任意の位置のアウトオブバウンズからスローインをしてゲームを再開する。

【補足】ここでの「ゴール」とは、ゲームクロックが動いていて、ボールがライブの状態でのショットのゴールを指す。

・一方のチームがボールをコントロールしていたかボールが与えられることになっていた場合は、そのチームが、ダブルファウルが起こったところに最も近いアウトオブバウンズからスローインをしてゲームを再開する。

・どちらのチームもボールをコントロールしていなかったかボールが与えられることになっていなかった場合は、ジャンプボールシチュエーションになる。

プレーヤーのテクニカルファウル

▶ 体の触れ合いのないスポーツマンらしくないファウル

ゴール後のボールを外に押し出す

ゴール後のルーズボールを外へ押し出し、試合の進行を妨害する行為はテクニカルファウルとなる。

プレーヤーのテクニカルファウルの規定

📖 ルール

テクニカルファウルは、相手チームのプレーヤーとの体の触れ合いのない振る舞いであり以下が該当するが、これらに限るものではない：

・審判からの警告を無視する。

・審判、コミッショナー（同席している場合）、テーブルオフィシャルズ、相手チーム、あるいはチームベンチに座ることを許された人物への敬意を欠く振る舞い、異論表現。
【補足】ベンチで立ち上がり異論表現をおこなうなどの行為を含む。

・観客に対して無作法に振る舞ったり挑発したりする、あるいは煽動するような言動をとる。

・相手チームのプレーヤーを挑発したり侮辱したりする。

・相手チームのプレーヤーの目の前で手を振ったり、手をかざしたりして視野を妨げる。

・肘を激しく振り回す。

・バスケットを通過したボールに故意に触れること、スローインやフリースローが遅延なくおこなわれるのを妨げること、もしくはゲームや後半の開始前にコートに来るのが遅れることで、ゲームの進行を遅らせる。

　【補足】審判にボールを返さずに試合の進行を遅らせるような行為等も上記項目に該当する。

・フェイク (ファウルをされたと欺くこと)。

・リングをつかんで体重をかける。ただし、ダンクショットのときにやむを得ず瞬間的にリングをつかむことは差し支えない。また自分や他のプレーヤーが怪我をするのを避けようとしたと審判が判断したときは、リングをつかんでもテクニカルファウルとはしない。

・最後のフリースローでボールがリングに触れる前にゴールテンディングのバイオレーションをしたときは、オフェンスのチームに 1 点が与えられ、さらにそのディフェンスのプレーヤーにテクニカルファウルが宣せられる。

テクニカルファウルを 2 個あるいはアンスポーツマンライクファウルを 2 個、もしくはテクニカルファウルとアンスポーツマンライクファウルを 1 個ずつ記録されたプレーヤーは失格・退場 (ゲームディスクォリフィケーション) になる。

【補足】「ゲームディスクォリフィケーション」とは、テクニカルファウルやアンスポーツマンライクファウルの累積による失格・退場を指し、ディスクォリファイングファウルでの失格・退場と区別される。

プレーヤーのテクニカルファウルの罰則

 ルール

テクニカルファウルが宣せられたときは、次のように記録をする:

・プレーヤーの場合は、そのプレーヤーに 1 個のテクニカルファウルが記録され、チームファウルに数える。

相手チームに 1 本のフリースローが与えられ、ゲームは次のように再開される:

・フリースローは直ちにおこなう。フリースローの後、テクニカルファウルが宣せられたときにボールをコントロールしていたか、ボールが与えられることになっていたチームに、ゲームが止められたときにボールがあった場所から最も近いアウトオブバウンズでスローインが与えられる。

プレーヤー以外のテクニカルファウル

▶ スポーツマンらしくない失礼な振る舞いで進行に支障をきたすファウル

**コーチがコート内に
立ち入って抗議する**

ゲーム中、コーチやアシスタントコーチがコート内に立ち入って抗議するのはテクニカルファウルとなる。

プレーヤー以外のテクニカルファウルの規定

ルール

チームベンチに座ることを許可された者によるテクニカルファウルは、審判（同席している場合）、テーブルオフィシャルズ、相手チームに対して失礼な態度で接したり、体に触れたりする行為、またゲームの進行や運営に支障をもたらしたりする違反のことをいう。

テクニカルファウルを 2 個あるいはアンスポーツマンライクファウルを 2 個、もしくはテクニカルファウルとアンスポーツマンライクファウルを 1 個ずつ記録されたプレーヤーは失格・退場（ゲームディスクォリフィケーション）になる。

【補足】「ゲームディスクォリフィケーション」とは、テクニカルファウルやアンスポーツマンライクファウルの累積による失格・退場を指し、ディスクォリファイングファウルでの失格・退場と区別される。

ヘッドコーチは以下の場合、失格・退場（ゲームディスクォリフィケーション）になる。

・ヘッドコーチ自身のスポーツマンらしくない振る舞いによるテクニカルファウル「C」が 2 個記録された場合。

・チームベンチに座ることを許可された者のスポーツマンらしくない振る舞いによって、ヘッドコーチにテクニカルファウル「B」が 3 個記録された場合、あるいはそれらのテクニカルファウルとヘッドコーチ自身のテクニカルファウル「C」とを合わせて 3 個のファウルが記録された場合。

プレーヤーもしくはヘッドコーチが、上記に則り失格・退場処分となる場合、テクニカルファウルによる罰則のみが与えられ、失格・退場による追加の罰則は与えられない。

プレーヤー以外のテクニカルファウルの罰則

ルール

テクニカルファウルが宣せられたときは、次のように記録をする：

・チームベンチに座ることを許可された者の場合は、ヘッドコーチに 1 個のテクニカルファウルが記録され、チームファウルに数えない。

相手チームに 1 本のフリースローが与えられ、ゲームは次のように再開される：

・フリースローは直ちにおこなう。フリースローの後、テクニカルファウルが宣せられたときにボールをコントロールしていたか、ボールが与えられることになっていたチームに、ゲームが止められたときにボールがあった場所から最も近いアウトオブバウンズでスローインが与えられる。

アンスポーツマンライクファウル

▶ 規則の精神と目的を逸脱し不当にプレーしたファウル

速攻時の 後方からのファウル

速攻の際、相手とゴールの間に誰もいない状態で後方からファウルを犯すと、アンスポーツマンライクファウルとなる。

アンスポーツマンライクファウルの規定

📖 ルール

アンスポーツマンライクファウルは、プレーヤーによる体の触れ合いを伴うファウルであり、以下の要素をもとに審判が判断する：

・ボールに対するプレーではなく、かつ、正当なバスケットボールのプレーとは認められない相手プレーヤーとの触れ合い。

・プレーヤーがボールや相手プレーヤーに正当にプレーしようと努力していたとしても、過度に激しい触れ合い（エクセシブハードコンタクト）。

・オフェンスが進行する中で、その進行を妨げることを目的としたディフェンスのプレーヤーによる必要のない触れ合い。これはオフェンスのプレーヤーがショットの動作（アクトオブシューティング）に入るまで適用される。

・以下のいずれかの状況で、相手チームのバスケットに向かって進行しているプレーヤーとそのバスケットとの間に、進行しているプレーヤーの相手プレーヤーがまったくいない状況で、進行しているプレーヤーの後ろあるいは横から起こす不当な触れ合い。これはオフェンスのプレーヤーがショットの動作（アクトオブシューティング）に入るまで適用される。

　―進行しているプレーヤーがボールをコントロールしている状況、もしくはコントロールしようとしている状況。

　―進行しているプレーヤーへのパスのボールが放たれている状況。

【補足】パスされ空中にあるボールは、ファウルがなければ、進行しているプレーヤーによってコントロールされていることが想定できる場合。

アンスポーツマンライクファウルの罰則

📖 ルール

ファウルをしたプレーヤーに、1個のアンスポーツマンライクファウルが記録される。

ファウルをされたプレーヤーにフリースローが与えられたあと：

・そのチームのフロントコートのスローインラインからのスローインで再開する。

・第1クォーターを始める場合は、センターサークルでのジャンプボールになる。

フリースローは以下の通り与えられる：

・ショットの動作（アクトオブシューティング）中ではないプレーヤーがファウルをされたとき：2本のフリースロー。

・ショットの動作（アクトオブシューティング）中のプレーヤーがファウルをされ、そのショットが成功したとき：得点が認められ、さらに1本のフリースロー。

・ショットの動作（アクトオブシューティング）中のプレーヤーがファウルをされ、そのショットが不成功だったとき：2本または3本のフリースロー。

テクニカルファウルを2個あるいはアンスポーツマンライクファウルを2個、もしくはテクニカルファウルとアンスポーツマンライクファウルを1個ずつ記録されたプレーヤーは失格・退場（ゲームディスクォリフィケーション）になる。

プレーヤーが上記に則り失格・退場になる場合、アンスポーツマンライクファウルによる罰則のみが与えられ、失格・退場による追加の罰則は与えられない。

ディスクォリファイングファウル

▶ スポーツマンらしくない特に悪質なファウル

相手の顔に肘を当てる

肘打ちなどの悪質なファウルはディスクォリファイングファウルの対象となる。

ディスクォリファイングファウルの規定

📖 ルール

ディスクォリファイングファウルとは、プレーヤー、交代要員、ヘッドコーチ、アシスタントコーチ、5個のファウルを宣せられたチームメンバー、チーム関係者によっておこなわれる、特に悪質でスポーツマンシップに反する行為に対するファウルのことをいう。

ヘッドコーチにディスクォリファイングファウルが記録された場合は、スコアシートに記入されているファーストアシスタントコーチがヘッドコーチの役目を引き継ぐ。ファーストアシスタントコーチがスコアシートに記入されていない場合は、スコアシートに示されたキャプテン (CAP) がヘッドコーチの役目を引き継ぐ。

ディスクォリファイングファウルの罰則

ルール

ファウルをした当該者に1個のディスクォリファイングファウルが記録される。

規則により失格・退場処分を受けた当該者は、ゲームが終わるまで自チームの更衣室（ロッカールーム）にいるか、コートのある建物から立ち去るかしなければならない。

フリースローが以下の通り与えられる：

・体の触れ合いを伴わないディスクォリファイングファウルが宣せられた場合のフリースローシューターは、ヘッドコーチが指定する。

・体の触れ合いを伴うディスクォリファイングファウルが宣せられた場合は、ファウルをされたプレーヤーがフリースローシューターになる。

フリースローの後：

・そのチームのフロントコートのスローインラインからのスローインで再開する。

・第1クォーターを始める場合は、センターサークルでのジャンプボールになる。

与えられるフリースローの数は以下の通りである：

・体の触れ合いを伴わないファウル：2本のフリースロー。

・ショットの動作（アクトオブシューティング）中ではないプレーヤーがファウルをされたとき：2本のフリースロー。

・ショットの動作（アクトオブシューティング）中のプレーヤーがファウルをされ、そのショットが成功したとき：得点が認められ、さらに1本のフリースロー。

・ショットの動作（アクトオブシューティング）中のプレーヤーがファウルをされ、そのショットが不成功だったとき：2本または3本のフリースロー。

・ヘッドコーチが失格退場になるファウル：2本のフリースロー。

・ファーストアシスタントコーチ、交代要員、5個のファウルを宣せられたチームメンバー、チーム関係者が失格退場になるファウル。このファウルはヘッドコーチのテクニカルファウルとして記録される：2本のフリースロー。

オリンピックにおけるバスケットボール

　ワールドカップとは別に4年に一度開催される大会がもうひとつあります。それは夏季オリンピックです。参加できる国数はワールドカップよりも少ないので、各大陸間予選は熾烈を極めたものなります。またワールドカップよりもNBAのスター選手が出場する傾向にあるため、アメリカは「ドリームチーム」と呼ばれ注目を集めます。過去の結果を見てもアメリカが他国を圧倒しており、ワールドカップの結果とは顔ぶれが異なります。

年	開催国	優勝国	2位	3位
1988年	韓国	ソビエト	ユーゴスラビア	アメリカ
1992年	スペイン	アメリカ	クロアチア	リトアニア
1996年	アメリカ	アメリカ	ユーゴスラビア	リトアニア
2000年	オーストラリア	アメリカ	フランス	リトアニア
2004年	ギリシャ	アルゼンチン	イタリア	アメリカ
2008年	中国	アメリカ	スペイン	アルゼンチン
2012年	イギリス	アメリカ	スペイン	ロシア
2016年	ブラジル	アメリカ	セルビア	スペイン
2021年	日本	アメリカ	フランス	オーストラリア

※国名は当時のもの。

PART

5

審判の合図

時計・得点に関する合図

 時計の合図

**笛を鳴らして時計を止める。
または時計を動かさない**

手のひらを開き真上に上げる。

**ファウルがあって
クロックを止める**

片手を握って上げる。

時計を動かす

上げていた手を軽く振り下ろす。

24秒計のリセット

人差し指を伸ばし頭上で大きく回す。

得点の合図

1点を認める

1本指を上げて上下に動かす。

2点を認める

2本指を上げて上下に動かす。

スリーポイントショットをした

3本指を真上に上げる。

3点を認める

両手で3本指を真上に上げる。

得点を認めない
またはプレーのキャンセル

両手を交差させるように振る。

交代・タイムアウト・バイオレーションの合図

交代とタイムアウトの合図

交代

胸の前で両腕を交差させる。

交代要員を招き入れる

手のひらを開き自分の方へ招く。

タイムアウト

片手を開き、もう一方の人差し指をつけてT字をつくる。

ビジブルカウント

肘を曲げ伸ばしする。伸ばすごとに1カウント数える

バイオレーションを認めた

手を広げて真上に上げて時計を止める。

トラベリング

両こぶしを回転させる。

ダブルドリブル

両手でドリブルの動作をする。

イリーガルドリブル

手のひらを上に向けてから下に向ける動作を繰り返す。

143

バイオレーションの合図

バイオレーションの合図 2

3 秒ルールの違反

腕を前に伸ばし、3 本指を示す。

5 秒ルールの違反

顔の高さで手のひらを開き 5 本指を示す。

8 秒ルールの違反

両手を顔の高さに上げ、8 本指を示す。

24 秒ルールの違反

指で肩に触れる。

バイオレーションの合図 3

バックコートバイオレーション

人差し指でフロントコートと
バックコートを交互に示す。

キックボール

つま先を指で指し示す。

アウトオブバウンズ

サイドラインと平行に次に攻
撃がおこなわれる方向を指で
指す。

ジャンプボールシチュエーション

両手の親指を立て頭上に上げ
その後ポゼッションアローの
向きを指し示す。

ファウルの合図

ファウルの合図1

ファウルを認めたとき

片手を握って上げる。

イリーガルユースオブハンズ

手首を叩く。

ブロッキング

両手を腰に当てる。

肘をぶつけるファウル

肘を横に向けて振る。

ファウルの合図 2

ホールディング

手首を握る。

プッシング
（ボールをコントロールしていないチャージング）

両手で押す動作をする。

ボールをコントロールしている ときのチャージング

こぶしで手のひらを叩く。

ボールをコントロールしている チームのファウル

攻撃しているチームのバスケット に向かってこぶしを突き出す。

ファウル・フリースローの合図

ファウルの合図3

ダブルファウル

両こぶしを上げ、交差させる
ように振る。

テクニカルファウル

手のひらを見せてＴ字をつく
る。

アンスポーツマンライクファウル

手首を握って上げる。

ディスクォリファイングファウル

両手のこぶしを真上に上げる。

フリースローをさせるときの合図

制限区域に踏み込んで（リードオフィシャルの場合）

1個のフリースロー　　2個のフリースロー　　3個のフリースロー

腕を伸ばし、指を
1本示す。

腕を伸ばし、指を
2本示す。

腕を伸ばし、指を
3本示す。

制限区域の外で（トレイルオフィシャルの場合）

1個のフリースロー　　2個のフリースロー　　3個のフリースロー

指を1本上げて示
す。

手を開き指をそろ
え、両手を上げて
示す。

両手で指を3本上
げて示す。

あ・か行

アウトオブバウンズ ……… P.72

ボールやボールを持ったプレーヤーがラインまたはライン外の床に触れること。相手ボールのスローインでゲームを再開する。

アシスタントスコアラー ……… P.22

スコアボードを操作し、スコアラーを補佐する。また、標識を用いてファウル数の表示をおこなう。

アンスポーツマンライクファウル ……… P.134

規則の精神を逸脱した触れ合いによるファウル。相手へのフリースローとスローインが与えられ、２つ累積で退場となる。

イリーガルスクリーン ……… P.120

不当なスクリーンによるファウル。動きながらおこなったり、相手の視野の外から至近距離でおこなったりすると宣告される。

イリーガルドリブル ……… P.76

ドリブルのバイオレーションのひとつ。片手でボールを支え持つようにしてドリブルをつくと宣告される。

イリーガルユースオブハンズ ……… P.118

相手を叩く、または手や腕を不当に使うファウル。相手の自由な動きを妨げているとみなされると宣告される。

インタフェアレンス ……… P.104

バスケットの下からボールを押し出したり、バスケットやボードに触れたりしてショットを妨害するバイオレーション。

エルボー

フリースローラインの両端（制限区域上辺の両端）およびその付近のことを指す。

エンドライン ········· P.14

ゴール後方に引かれた境界線のこと。ショットを決められた後はこのラインからスローインをおこなう。

オーバータイム

一般的には延長時限のことを指す。3秒や24秒など、時間に関するルールの制限時間を超えてしまうことを指す場合もある。

オルタネイティングポゼッションルール ······ P.40

ジャンプボールシチュエーションになった際に、両チームが交互にスローインをしてゲームを再開するルール。

オルタネイティングポゼッションアロー ······ P.27

次にジャンプボールシチュエーションになったときにスローインが与えられるチームを指し示す表示器具のこと。

カットイン

ゴール側に切れ込む動きのこと。外側へ広がる動きのことはカットアウトと呼ぶ。

キックボール ········· P.42

ボールを故意に足で扱うバイオレーション。偶然足に当たった場合は違反にならない。

クォーター ········· P.34

試合の区切りとなる単位。10分を1クォーターとし、それを4回おこなう。

ゴールテンディング ········· P.102

落下中、またはボードに当たったショットに触れる違反。ボール全体がリングより上にある場合に適用される。

交代席 ········· P.23

交代選手が待機する席のこと。交代の際はスコアラーに直接申し出るか、はっきり伝わるように座る。

コントロール ········ **P.42**

プレーヤーが完全にボールを保持した状態のこと。攻守の位置づけや24秒計カウントが切り替わる基準となる。

┃ さ・た行

サイドライン ········ **P.14**

コートの横を区切る境界線のこと。長さは28mと定められている。

ジャンプボール ········ **P.38**

審判が投げ上げたボールをはじいて保有権を争うプレーのこと。試合開始時におこなう。

ジャンプボールシチュエーション ········ **P.40**

ヘルドボールなど、ボールの保有権の判断が難しい状況のこと。オルタネイティングポゼッションルールに従ってゲームを再開する。

シューティングガード ········ **P.12**

主にアウトサイドショットやドライブを得意とするポジションのこと。セカンドガードとも呼ばれる。略称はSG。

ショットクロックオペレーター ········ **P.22**

ショットクロックの操作を担当し、24秒バイオレーションを管理するオフィシャルのこと。

シリンダー ········ **P.110、120**

各選手が占有できる空間。前後が手のひらからお尻、左右が腕と脚の外側で、この範囲内では接触プレーの責任が問われない。

スコアラー ········ **P.22**

スコアの記録、失格・退場やタイムアウト・選手交代の合図、ポゼッションアローの操作などをおこなうオフィシャルのこと。

スコアラーズテーブル ········ P.14、22

ゲーム中にオフィシャルが座るエリアのこと。ゲームがよく見えるコート中央に設置される。

スモールフォワード ········ P.12

アウトサイドとインサイドをバランスよくこなすポジション。シューティングフォワードとも呼ばれる。略称は SF。

スリーポイントライン ········ P.14

ツーポイントエリアとスリーポイントエリアを区切るライン。ラインを踏んだ場合はツーポイントとなる。

スローインライン ········ P.14

第4Qまたはオーバータイムの残り2分間にタイムアウトが取られた場合、フロントコートのこのラインからゲームを再開する。

制限区域 ········ P.16

ゴール付近の色で塗られた長方形を指す。別名ペイントエリア。オフェンスはこのエリア内に3秒を超えて留まってはならない。

センター ········ P.12

主にインサイドでの体を張ったプレーを得意とするポジション。長身選手がつとめることが多い。略称はC。

センターサークル ········ P.14

コート中央に引かれた半径1.80mの円のこと。ゲーム開始のジャンプボールはこのサークル内でおこなわれる。

センターライン ········ P.14

コート中央にエンドラインと平行に引かれたラインのこと。バックコートとフロントコートの区切りとなる。

ゾーンディフェンス

プレーヤーでなくスペースを守るディフェンス戦術。選手の配置で2-3、3-2などの呼び方がある。

タイマー ……… P.22
ゲームクロックとストップウォッチを操作し、競技時間、タイムアウト、インターバルの時間をはかるオフィシャルのこと。

タイムアウト ……… P.60
ゲーム中に取得できる1分間のインターバル。各チーム前半2回、後半3回、オーバータイム1回の取得が認められている。

タップ ……… P.45
パスやリバウンドに触れて直接ゴールを狙うプレーのこと。クロックが残り0.2秒以下でもショットと認められる。

ダブルドリブル ……… P.77
ボールを両手で持つなどして一度ドリブルを終えた後、再びドリブルをつくバイオレーションのこと。

ダブルファウル ……… P.128
両チームのプレーヤーがほぼ同時にファウルを犯すこと。それぞれ1つずつのパーソナルファウルが記録される。

ダンク ……… P.45
ボールをバスケットに投げ落とすこと。

チームファウル ……… P.26、108
各選手がファウルするたびにチームに対して累積されるファウル。5回目のファウルから相手にフリースローが与えられる。

チームベンチエリア ……… P.14
コーチ、アシスタントコーチ、交代要員、チーム関係者を収容するエリア。上記以外の人は試合中このエリアに入れない。

チャージング ……… P.122
ドリブルなどでムリに進行し、相手のトルソー（胴体）に突き当たるファウルのこと。

テーブルオフィシャルズ ……… P.22

試合の進行管理をおこなう。タイマー、スコアラー、アシスタントスコアラー、ショットクロックオペレーターで構成される。

ディスクォリファイングファウル ……… P.136

肘打ちなどの特に悪質なファウルのこと。1回の宣告で退場となり相手にフリースローとスローインが与えられる。

テクニカルファウル ……… P.130〜133

接触プレー以外の失礼な振る舞いによるファウル。プレーヤーの場合、罰則は1つのパーソナルファウル、相手へのフリースローとスローイン。

デッド ……… P.36

原則として、ボールがバスケットに入っても得点が認められない状態のこと。

ドライブ

ゴールに向かってドリブルすること。ボールを保持せずにゴールに向かうことはカットインと呼ぶ。

トラベリング ……… P.80〜87

片足または両足を方向に関係なく規定の範囲を超えて移動をさせること。

トレイルオフィシャル

2人審判制において、主にオフェンス側の左後方からジャッジをおこなう審判のことを指す。

な・は行

ニュートラルゾーン ……… P.16

制限区域の左右に引かれた短いライン。フリースローの際に1人目と2人目のリバウンダーが立つ位置の区切りとなる。

ノーチャージセミサークル(エリア) ……… P.16、124

制限区域内に引かれた半径 1.30m の半円。防御側の足が少しでもラインにかかっていたら攻撃側はチャージングを取られない。

パーソナルファウル ……… P.108

不当な接触プレーによるルール違反のこと。5つの累積で試合に出場することができなくなる。

バイオレーション ……… P.70

ルールに対する違反のうち、体の触れ合いやスポーツマンらしくない行為以外の違反を指す。

バスケットカウント

ショット中にファウルされ、なおかつボールがバスケットに入ること。得点が認められ1本のフリースローが与えられる。

バックコート ……… P.15

自チームの守るバスケットがあるコート半面を指す。また、アウトサイドプレーヤーを総称してこう呼ぶこともある。

バックコートバイオレーション ……… P.100

フロントコートに進めたボールをバックコートに返すバイオレーション。防御側が触れたボールであれば違反にならない。

バックボード ……… P.19

バスケット後方に設置された縦 1.05m×横 1.80m のボードのこと。内側に引かれた長方形は縦 45cm×横 59cm。

パワーフォワード ……… P.12

センターとともにインサイドを担うポジション。パワープレーをおこなうことが多いのでこう呼ばれる。略称は PF。

ピボット ……… P.80～83

ボールを持って片方の足を床につけたまま、もう一方の足を動かすプレー。何度動かしてもトラベリングにならない。

ピボットフット ……… P.80〜83

ピボットの軸足を指す。一度ピボットフットになった足が床から離れたりずれたりするとトラベリングとなる。

フィールドゴール

フリースローを除いた、ライブの状態で放ったショットによる得点を指す。FGと略称されることも多い。

プッシング ……… P.112

相手をムリに押しのけるファウルのこと。手だけでなく体や足で押した場合も含まれる。

フリースロー ……… P.48〜53

ショット中のファウルやテクニカルファウルなどの罰則として相手に与えられるスローのこと。成功すると1点が加算される。

フリースローライン ……… P.16

フリースローをおこなう基準となるエンドラインと平行に引かれたライン。制限区域の上辺を形成する。

フロントコート ……… P.15

自チームが攻めるバスケットがあるコート半面を指す。インサイドプレーヤーを総称してこう呼ぶこともある。

ブロッキング ……… P.114

相手の進行を妨害するファウルのこと。

ヘルドボール ……… P.41

攻撃側と防御側が互いにボールをつかみ、どちらのボールかあいまいな状態のこと。ジャンプボールシチュエーションとなる。

ホールディング ……… P.116

相手を押さえて行動の自由を妨げるファウル。押さえつける行為であれば体のどの部分を使ってもホールディングとなる。

ポイントガード ……… **P.12**
ボール運びやフォーメーションの指示、パスの配給などチームの司令塔となるポジション。略称は PG。

ま・ら行

マンツーマンディフェンス
各選手がそれぞれ相手を 1 対 1 で守るディフェンス戦術。バスケットにおけるディフェンスの基本となる戦術。

ミート
パスキャッチの際に、キャッチするプレーヤーがボールの来る方向へ動くこと。パスカットを防ぐ効果がある。

ミスマッチ
ある選手とそのマークマンの間に、スピードや身長、パワーのいずれかで著しい差があること。

ライブ ……… **P.36**
原則として、ボールがバスケットに入った場合、得点が認められる状態のこと（スローインが直接入った場合を除く）。

リードオフィシャル
2 人審判制において、主にオフェンス側のエンドラインでジャッジをおこなう審判のことを指す。

リバウンド
ショットなどでバスケットに当たり、跳ね返ったボールのこと。また、そのボールを確保するプレーを指すこともある。

リバウンドの位置を示すライン ……… **P.16**
フリースローの際、リバウンドのポジションを定めるライン。ゴールに近い方からディフェンス、オフェンスの順に並ぶ。

ルーズボール

ライブの状態で、どちらのチームもチームコントロールをしていないボールのこと。

ローテーション

味方プレーヤーが動いたことによって空いたスペースを埋めるように別のプレーヤーが動くこと。

その他数字

24秒ルール ……… P.94～99

ボールを保持してから24秒以内にボールがリングに触れるか、バスケットに入らなければならないルール。

3秒ルール ……… P.88

オフェンス側のプレーヤーが、制限区域内に3秒を超えて留まってはならないルールのこと。

5秒ルール ……… P.90

近接して積極的に防御されたボール保持者が5秒以内にパス、ショット、ドリブルのいずれかをしなければならないルール。

8秒ルール ……… P.92

バックコートでボールをコントロールしてから8秒以内にフロントコートに進まなければならないルール。

わかりやすいバスケットボールのルール

2024年4月20日発行

監　修　伊藤　恒

発行者　深見公子

発行所　成美堂出版
　　　　〒162-8445　東京都新宿区新小川町1-7
　　　　電話(03)5206-8151　FAX(03)5206-8159

印　刷　広研印刷株式会社

ISBN978-4-415-33405-9